KB230495

부와 가난 대물림되는 신분 貧富

판권 본사
독점 계약

부와 가난 대물림되는 신분

지은이 ▪ 이병기

인쇄일 ▪ 2016년 02월 15일

발행일 ▪ 2016년 02월 15일

펴낸곳 ▪ 도서출판 용안미디어

주소 ▪ (135-081)서울특별시 강남구 역삼1동 696-25 영성빌딩3층

전화 ▪ 010-6363-1110

팩스 ▪ (02)6442-7442

등록 ▪ 1994년 2월 25일 제 16-837호

값 ▪ 7,000원

※ ISBN 89-86151-74-X

Contents

Contents

Contents

감사의 글

자녀교육에 좋다면 뭐든지 가리지 않는 극성 학부모처럼 저도 부자가 되는 데 도움이 된다는 것은 뭐든지 했습니다. 하지만 어느날 문득 저는 까맣게 속아왔고 제가 쫓는 모든 것이 허상일지 모른다는 의구심이 들었습니다. 그후로 제가 가진 모든 것과 제가 해온 모든 일이 하찮게만 보이고 제 인생 전체를 회의하게 되었습니다. 그 와중에 읽은 책이 바로 로버트 기요사키의 '부자 아빠, 가난한 아빠'였고 비로소 저의 허전하던 부분이 채워지는 느낌을 가질 수 있었습니다.

사회에 나와보니 학교 교육의 의미를 회의하게 되었습니다. 도대체 무엇 때문에 아무 쓸모도 없는 교육을 20년 가까이 받아야 하는 걸까요? 남보다 잘 살기 위해선가요? 제 생각에 점점 길어지는 교육이라는 컨테스트 과정은 젊은이들의 사회진출을 최대한 지연시켜 사회안정을 도모하기 위한 것 같습니다.

그 동안 제가 궁금해하고 나름대로 깨달은 점들을 저의 시각에서 책으로 엮어 봅니다. 어떤 평가를 받을지는 모르겠지만 예전의 저처럼 고민하고 회의하는 분들이 자신의 원하는 바를 왜곡없이 정확히 파악하는 데 도움을 줄 수 있다면, 그보다 더 큰 만족은 없을 겁니다.

제 안에 잠들어 있던 거인을 깨워준 정 모 씨와 박 모 씨께도 깊은 감사를 드립니다.

제 1 부 **현재**

시간의 흐름은 3중이다.
미래는 주저주저하면서 다가오고
현재는 화살처럼 날아가고
그리고 과거는...
영원히 말없이 서 있다.

— 쉴러 —

1장

돈(Money)

돈의 출현 ︱ 역사를 살펴보면 선조들의 현명한 지혜가 후손들에게 제대로 전달되지 못하고 단절된 후, 다시 똑같은 논의가 반복되는 경우를 많이 볼 수 있다. 방대한 중국 사상가들의 철학, 고대 그리스 철학자들의 사상, 매년 바뀌는 우리나라 교육제도, 최근 뜨거운 감자로 떠오르고 있는 지적재산권 문제 등이 그런 경우라 할 수 있다. 이미 선조들이 다 거쳐간 경험이고 그에 대한 해답과 대안들도 나와 있지만 막상 후손들 입장에서는 그런 해답에서 다시 발생하는 모순들이 마음에 들지 않는 모양이다. 진정으로 안타까운 점은 그런 과정을 통해 계속 발전해 나가는 것이 아니라 과거 행태로 회귀하고 선조의 시행착오를 끝없이 반복한다는 점이다. 지혜는 책 속에 남아 있지만 사람들 가슴 속으로는 전달되지 않는 것 같다.

이와 같은 지혜의 단절이 화폐에서도 나타나는데 이제 사람들은 화폐의 본래 의미와는 완전히 차단된 채 이미 진화해 버린 생명체로서의 화폐 모습에만 초점을 맞추어 살아가고 있으며 고도로 심화된 자본주의 사회를 살면서 모든 것을 돈을 기준으로만 생각하게 되었다. 우리가 살아가는 데 필요한 빵이 한 개에 얼마, 옷 한 벌에 얼마, 집 한 채에 얼마… 이렇게 돈이라는 중립적 가치 없이는 생활이 불가능한 것은 물론이고 내가 업무 중에 담배 한 대를 피우면 회사에 끼치는 손해는 얼마, 변호사의 한 시간은 내 한 시간의 몇 배 등과 같이 무형자산들도 돈으로 환산되는 시대에 살고 있다. 한마디로 화폐를 사용하지 않고서는 하루도 살 수 없는 시대에 살고 있는 것이다.

경제라는 뜻의 단어 '이코노미(economy)'가 "가정경제를 꾸려간다"라는 뜻의 그리스어 '오이코스(oikos)'에서 온 데서 알 수 있듯이 인간이 사회생활을 시작한 초기에는 화폐가 없었다. 유목민이든 농경민이든 자신에게 필요한 것들을 직접 생산하는 생활이었다. 추위와 외부의 위험으로부터 자신을 보호해줄 옷을 만들고 동물을 사냥하거나 땅을 경작하여 식량을 마련했고 휴식과 잠을 잘 집을 지었다. 당시 사람들에게 필요했던 것은 의 · 식 · 주 였다.

그후 조금씩 사람 수가 늘면서 물물교환 형태로 시장이 생겼고 먹고 살기 위해 해야 할 일들이 조금씩 단순해지기 시작했다. 내가 잡은 생선을 가지고 나가 남이 생산한 쌀로 바꿔오면 밥을 지어먹을 수 있었으니 말이다. 하지만, 생선은 상하게 마련이고 다 팔지 못해 남은 쌀을 다시 지고 집으로 돌아가는 것은 상당히 불편했다. 시간이 흐르면서 변질되는 상품 대신 중간에 좀더 지속적인 가치를 넣으면 거래의 안정성을 도모할 수 있다는 취지에서 나타난 것이 화폐인 것이다.

이렇게 화폐의 기원은 가치교환의 수단이었다. 하지만 이후 인구가 늘고 경제가 발전하면서 초기 물물교환 수준의 단순함에서 탈피해 산업자본주의가 도래하고 이어서 금융자본주의가 출현했다. 그 과정 속에서 화폐는 단순한 가치교환 매개체 기능에서 벗어나 가치 저장 기능을 갖게 되었고 살아 움직이면서 거대한 힘을 발휘하는 생명체 같이 진화하게 되었다.

그 결과 현대인들은 주식 · 옵션 · 채권 등 각종 선진 금융기법들을 목말라 하면서도 정작 "화폐는 사람들 사이의 약속일 뿐 그 본질은 아무 가치도 없는 종이 조각에 지나지 않는다.”라는 사실은 잊고 살아간다. 실제로 화폐라는 약속은 절대적이지 못해 인플레이션으로 그 약속 내용이 조금씩 계속 변경되어 왔고 아르헨티나의 경우처럼 극심한 인플레이션에 빠지면, 하루 아침에 휴지조각이 될 수도 있다.

제1차 세계대전이 끝난 독일에 어느 착실한 형과 술주정뱅이 동생이 살았다고 한다. 형은 돈만 생기면 저축했지만 동생은 매일 술만 마시고 빈 병은 항상 정원에 던져버렸다. 전쟁이 끝난 후, 생산시설이 부족해 인플레이션이 요동치자 형이 저축해놓은 돈 가치보다 동생이 버려서 쌓인 빈 술병 가치가 훨씬 높아졌다고 한다. 살인적인 인플레이션의 극단적인 예다.

회사원 종원 | 위와 같이 극단적이지는 않지만 평소 우리가 화폐의 기원을 생각하지 못해 저지르는 큰 실수가 있으니 바로 자신의 수입을 화폐 가치로만 생각한다는 점이다. 다음 예화를 살펴보자.

사내식당에서 점심을 먹고 나오던 종원은 게시판 앞에 모인 사람들을 보고는 그 쪽으로 걸음을 옮겼다. 뭔가 게시판에 실린 모양인데 사람이 너무 많아 도저히 볼 수가 없었다. 그때 사람들 틈에서 찬승이 나왔다. 찬승의 얼굴에 가득 퍼진 미소를 보니 뭔가 좋은 소식인 것 같았다.

"찬승아!"

"어, 종원이구나."

"뭐 좋은 소식이라도 있는 거야?"

"응, 연봉협상 결과, 내년 인상분이 8%로 결정됐대."

8%! 요즘 같은 불경기에 8% 연봉인상은 천사들의 합창이었다. 오른 월급을 생각하니 종원은 벌써부터 부자가 된 느낌이었다. 해가 바뀌면 올해보다는 좀더 여유 있는 생활이 가능하리라. 아내 새 옷도 한 벌 사주고 아이들 장난감도 바꿔주고 부모님 용돈도 올려드려야지.

퇴근길에 종원은 과일을 한 아름 샀다. 아내와 두 아이 그리고 부모님을 모시고 살아가는 종원은 한 번도 넉넉함을 느끼지 못했지만 오늘은 달랐다. 남편으로서 가장으로서 자식으로서 매우 자랑스러웠다. 아파트 입구에서 엘리베이터를 탄 종원은 자신의 머리 위에서 층수가 바뀌는 것을 바라보았다. 엘리베이터가 상승하는 것을 온몸으로 느끼며 눈으로는 숫자가 증가하는 것을 보니 마치 내년에는 자신의 인생이 더욱 업그레이드될 것을 상징하는 것만 같았다. 집앞에 선 종원은 초인종을 눌렀다.

"당신이에요?"

언제나 밝고 명랑한 아내의 목소리가 들려왔다.

"응, 나야!"

과일봉지를 든 손이 묵직해져왔다. 어려운 살림에도 한 번도 불평없이 시부모를 모셔온 아내였다. 문이 열리고 맛있는 냄새가 코를 찔렀다. 요리하다 나왔는지 아내는 앞치마를 두르고 있었다. 변함없이 그 자리에 있는 아내를 보자 왈칵 눈물이 났다. 종원은 과일봉지를 얼른 아내에게 안기며 눈을 피했다.

"어머! 과일 사오셨네요! 무슨 좋은 일이라도 있었어요?"

"이 사람이, 내가 좋은 일 있을 때만 과일 사오나?"

괜히 말이 퉁명스럽게 나왔다.

"어머! 그렇게 들렸어요? 호호, 죄송해요. 시장하시죠? 얼른 씻고 식사하세요."

가족과 식사하며 도란도란 이야기꽃을 피웠다. 온 가족이 식사하는 모습을 보니 자신이 생계를 책임지고 있다는 생각에 종원의 가슴은 무거워지면서도 한편으로는 자랑스러웠다. 내년에는 자신의 노력으로 가족 모두가 더욱 넉넉한 생활을 하리라.

해가 바뀌었다. 종원의 월급은 인상되었지만 곧이어 지하철 요금이 올랐다. 그러자 버스요금이 올랐고 기름값, 목욕비가 덩달아 오르더니 아이들 과자값도 올랐다. 야채, 음료, 과일, 쌀 등 생필품 가격도 슬금슬금 올라 이젠 인상된 8%의 여유는 고사하고 작년보다 더 쪼들려 힘들어하는 자신을 발견하게 되었다. 종원은 또다시 내년에 있을 월급인상을 고대하며 살고 있다. 아무래도 8%는 부족할 것 같다. 내년 인상분은 10% 이상 되길 꿈꿔본다.

위의 예화처럼 모든 사람이 더 나은 미래를 위해 열심히 살아가고 있지만 실제로 더 나은 미래를 맞는 사람은 얼마 되지 않는다. 과연 무엇이 잘못되었을까? 대부분이 착각하는 가장 큰 부분은 모든 경제활동을 돈으로만 판단한다는 점이다. 모두 자신이 받는 급여 액수를 기준으로 생활규모를 정하기 때문에 급여가 많아지면 더 나은 생활수준을 영위할 것으로 믿는다. 이 글을 읽는 여러분도 이와 비슷할 것이다. 그러나 월급이 늘면 생활이 윤택해질 것이라는 기대는 다소 위험한 발상이다. 왜냐하면 인플레이션이라는 복병이 숨어 있기 때문이다.

우리 경제는 위에 나오는 종원처럼 더 잘 살아보려는 수많은 사람들로 구성되어 있다. 그 중에는 종원 같은 일반회사원도 있겠지만 지하철기사, 버스기사, 주유소 사장, 목욕탕 사장과 종업원, 제과회사 사장과 종업원, 농민, 어민 등 많은 사람들이 있고 이 모든 사람들이 종원처럼 더 나은 내일을 위해 오늘도 열심히 일하고 있는 것이다.

종원만 월급이 올라갈 수 있을까? 종원의 월급이 올라간 이유는 종원의 회사가 많은 이익을 남겼기 때문이고 이익이 많이 올랐을 때는 대체로 경기가 상승했기 때문인 경우가 많다. 그렇다면 많은 다른 회사 직원들 월급도 함께 오르고… 경제란 유기체와 같아 그 파급효과는 돌고 돌게 마련이다.

이렇게 경제는 서로 연관되어 움직이므로 종원의 월급만 인상되기는 어렵다. 항상 경기와 함께 할 수밖에 없다. 그리고 전반적인 경제상황이 호황이라는 말은 한 나라의 경제활동 주체들의 소득이 증가했다는 이야기와 같다. 모든 사람의 가처분 소득이 함께 증가했다면, 결국 종원의 입장에서는 달라진 것이 없다는 이야기다. 모든 사람의 가처분 소득이 증가하면서 물가도 함께 오르니 말이다.

인플레이션의 의미와 기능 ㅣ 그렇다고 인

플레이션이 나쁘다는 말은 절대 아니다. 인플레이션이 너무 높거나 반대로 디플레이션이 나타날 때야말로 모두가 심각하게 고민해야 할 상황인 것이지, 적당한 인플레이션은 경제가 건강

하고 꾸준히 성장해 나가고 있다는 증거가 된다. 일반적으로 경제가 선순환을 탔을 때, 적정한 인플레이션이 나타나게 된다. 이런 상황에서는 일자리도 많아지고 모든 사람이 열심히 일한 만큼 보상도 받을 수 있고 시간이 지나면서 자신이 보유한 자산평가액도 증가하리라 기대할 수 있다.

2차대전 후, 세계 경제는 이런 선순환을 탔고 그 과정에서 최대 수혜국인 대한민국도 계속 성장해왔다. 하지만 절대 잊지 말아야 할 것은 인플레이션으로 인한 환상도 있다는 것이다. 앞서 나온 종원의 경우처럼 이 책을 읽는 여러분이나 한 개인의 입장에서 봤을 때, 급여가 늘고 가처분 소득이 늘어난 상황이더라도 실제 경제적으로는 제자리걸음인 경우가 그런 환상에 속한다.

우리는 뭘 하고 있는가? 우리는 과연 무엇을 위해 그토록 열심히 일하는 것인가? 마치 코앞의 당근을 쫓아 죽을 때까지 열심히 달리는 어리석은 당나귀가 우리 모습이 아닐까? 교육수준과 상관없이 대부분이 당나귀 같은 삶을 살고 있는 이유는 바로 모든 경제기준을 화폐에만 두기 때문이다. 선현의 모든 지혜는 사장되고 겉으로 보이는 제도만 답습하다 보니 그 안에 숨겨진 가치와 의미를 깨닫지 못하고 흉내만 내는 허수아비가 되어 버렸다. 화폐는 편리한 계량 수단이지만 모든 것을, 화폐를 기준으로 생각하다 보면 정작 중요한 것을 놓치고 눈앞의 당근만 쫓는 당나귀와 같은 삶을 살게 된다.

그럼 과연 무엇을 경제 척도로 삼아야 할까? 그 해답은 잠시 후 논의키로 하고 화폐에 대해 좀더 살펴보자.

금리라는 상대적 가치 | 사실, 화폐는 부동산·자동차·귀금속처럼 가격이 있는 하나의 대상물이다. 일정기간 부동산을 빌려주면 대가를 받듯이 일정기간 돈을 빌려주면 그 대가로 돈을 받는 것이 그 증거다. 그런 화폐가 사람들 사이에서 가지는 가치 척도 즉, 돈의 가격은 바로 금리라는 것이다. 돈을 쓰는 즐거움을 일정 기간 유예하는 대신, 주어지는 반대 급부로 볼 수도 있다. 이런 금리와 무관하게 사는 사람은 없을 것이다. 예금자는 재산가치를 유지하기 위해, 대출고객은 이자 납부를 위해 누구나 관심을 가질 수밖에 없다.

일반적으로 금리는 경제성장률과 물가상승률의 합으로 표시된다.

금리 = 경제성장률 + 물가상승률

다른 사람에게 돈을 빌려줘 일정 기간 경제활동을 못한 대가와 돈을 빌려준 기간동안 상승한 물가만큼 보상해줘야 한다는 논리다. 우리나라의 금리 추이를 살펴보자.

표1-1에서 보듯이 우리나라 금리는 계속 떨어지고 있다. 돈 가치가 계속 떨어지고 있다는 뜻이다. 이 과정에서 금리 즉, 이자로 생활하는 사람들은 직격탄을 맞는다. 돈을 많이 가지고 있으면서 그 돈의 가치에서 파생되는 수입으로 생활하는 사람들의 경우, 지금 은행에 1년 만기 정기예금에 10억

표1-1 우리나라의 금리 변동

연도	시장금리		금리 결정요인	
	정기예금 금리(%)	회사채 금리(%)	경제성장률(%)	물가상승률(%)
1992	10.0	14.0	5.4	6.2
1993	8.5	12.2	5.5	4.8
1997	13.9	24.3	5.0	4.4
2000	6.3	8.1	9.3	2.3
2001	4.8	6.9	3.0	4.1
2002	4.8	5.9	5.7	2.7
2007	4.1	5.7	5.1	3.1
2008	4.8	7.0	2.2	5.4
2009	3.3	5.8	0.2	2.1
2010	3.4	4.6	6.2	3.3
2011	3.6	4.4	3.7	4.0
2012	3.4	3.7	2.3	2.2
2013	2.8	3.1	3.0	1.3
2014	2.4	2.9	3.4	1.3
2015	1.72	2.1	2.6	0.7

※ 정기예금 금리는 시중은행 1년 만기 기준

원을 예치해 놓았다면, 세금은 계산하지 않고 2015년 기준으로 한 달에 143만 원의 수입을 얻는다. 하지만 같은 금액을 예치해 놓았더라도 1997년이었다면, 세금은 계산하지 않고 한 달에 1,158만 원의 이자를 받을 수 있었다. 돈 가치가 얼마나 떨어졌는지 실감이 가는 대목이다.

현재 대한민국에서 금리 관련 직업을 가진 사람은 총인구의 1.38%인 65만 명 수준이다. 금리 즉, 돈의 가치가 떨어졌다는 말은 이 사람들의 생계 또한 예전 같지 않다는 말이 된다. 그리고 이런 금리하락은 비단 우리나라만의 현상은 아니다.

표1-2 주요국의 금리 변동

국가	금리 변동 추이(%)	
	2000년 12월	2016년 1월
미국	6.00	0.50
일본	0.50	0.10
영국	6.00	0.50
독일	4.75	0.05
프랑스	4.75	0.05
이태리	4.75	0.05
호주	6.17	2.00
멕시코	17.50	3.0
중국	2.97	4.35
한국	5.13	1.50

※ 상기 금리는 중앙은행이 상업은행에 공급하는 콜금리임

위의 표1-2에서 보듯이 세계 주요 국가의 금리는 점점 떨어지고 있다. 다른 말로 표현하자면, 전 세계적으로 화폐 가치가 떨어지고 있는 것은 돈을 많이 모은다는 것이 어쩌면 아무 가치도 없는 종이조각을 모으는 것이 될 수도 있다.

물론 금리 하락이 반드시 부정적인 것만은 아니다. 한계 기업의 금리 부담을 경감시켜 주고 부채난에 허덕이는 가계에 조금이나마 보탬이 되는 긍정적인 측면도 있다. 하지만 여기서 놓치지 말아야 할 것은 돈이란 사람들 사이의 약속일 뿐이고 그 가치는 수시로 변해 이젠 돈의 가격이 제로인 시대가 왔다는 것이다. 따라서 돈으로 경제활동을 측정하는 것이 편리하긴 하지만 돈으로 자신의 부(富)를 평가하고 경제적 지위를 가늠한다는 것은 매우 위험한 발상이라는 사실을 명심해야 한다.

1인당 국민소득 | 여러분은 결혼식 축의금을 내 본 경험이 있는가? 친구 결혼 축의금으로 5만 원을 냈다고 하자. 그리고 5년이 지나 당신이 결혼을 하게 되었다. 5년 전 당신에게서 5만 원을 받은 친구는 그 액수를 기억하고 있다가 당신에게 똑같이 5만 원을 축의금으로 전했다. 이 경우, 5만 원이라는 액수는 똑같지만 5년 후 5만 원을 받은 당신은 인플레이

션 즉, 돈의 가치가 변했기 때문에 손해를 보게 된다. 결혼식 이야기를 하면서 돈 가치를 말하게 되어 좀 씁쓸하긴 하지만 5년이라는 세월 동안 변한 돈 가치를 따져보면 그렇다는 이야기다.

내 아내는 이처럼 불합리한 상황을 타파하기 위해 친구들이 결혼할 경우, 그 시점의 지하철 요금의 100배를 축의금으로 전달한다. 현재 지하철 1구간 요금이 700원이므로 결혼식에 참석하면 7만 원을 축의금으로 전하고 5년 후 지하철 1구간 요금이 900원으로 인상된다면, 그때는 9만 원을 내어 축의금이라는 선물 가치를 유지한다.
화폐 가치 변동에 의한 영향을 헷지(hedge)하기 위해선 뭔가 절대적 기준이 필요한데 그 기준으로 일상생활과 밀접한 지하철 1구간 요금을 택한 것이다.
나의 모친은 내가 고등학교 다닐 때의 학부모들과 친교 모임을 갖고 있는데 여기서도 자녀들이 결혼할 때마다 축의금을 전한다. 자녀들마다 결혼하는 시점이 다르기 때문에 이 모임에서도 절대적인 기준을 마련했는데 바로 쌀 한 가마니 가격이다. 일상생활과 밀접한 쌀 가격을 기준으로 항상 일정 가치를 축의금으로 전하는 방법이다.

우리가 지갑에 넣고 다니는 화폐의 가치가 항상 일정하다면 왜 이렇게 복잡한 방법을 쓰겠는가? 이런 방법을 사용한다는 사실이 바로 화폐 가치는 항상 변한다는 증거다. 하지만 여기서 놓치지 말아야 할 점은 일상생활에서 지하철 요금이나 쌀값이 차지하는 비중이 변할 수도 있다는 사실이다. 쉽게 말해, 서민생활 보조를 위해 정부가 지하철 요금을 반으로 내리고 나머지 반을 지원해 준다면, 지하철 요금을 기준으로 축의금을 전할 때, 그 가치 역시 반으로 줄어들 것이다. 중국이나 칠레산 쌀이 싼 가격에 수입되어 전체적으로 쌀값이 떨어진다면, 쌀 한 가마니를 기준으로 계산하는 방법 역시 항상 만족스런 것은 아니다. 하지만 그런 단점을 극복할 수 있는 절대적 기준이 분명히 존재한다.

표1-3 대한민국의 연도별 1인당 국민총소득   단위: 미 달러

연도	1인당 국민총소득	연도	1인당 국민총소득
1997	10,315	2006	19,722
1998	6,744	2007	21,045
1999	8,595	2008	19,296
2000	9,770	2009	17,093
2001	8,990	2010	20,759
2002	10,013	2011	24,032
2003	12,720	2012	24,686
2004	15,082	2013	26,179
2005	17,531	2015	27,513

여기서 우리의 경제적 지위를 가늠해보는 절대적인 방법 하

나를 소개하겠다. 계산 과정이 좀 필요하지만 간단하므로 여러분도 한 번 해보기 바란다. 그 방법이란 바로 1인당 국민소득으로 계산해보는 방법이다.

세금 같은 복잡한 요인은 제거하고 간단히 계산해보자. 2015년 기준으로 대한민국 1인당 소득이 27,513달러이므로 이를 원화로 계산하면,

$$27,513달러 \times 1,100(원 / 달러) = 3,026만 원이 된다.$$

이 액수는 1인 기준이므로 3인가족 기준으로 하면, 가장이 1년에

$$3,026만 원 \times 3 = 9,078만 원을$$

벌어야 통계적 중산층에 해당하는 것이다.
4인 가족을 기준으로 생각해보면,

$$3,078만 원 \times 4 = 12,312만 원을$$

벌어야만 통계적인 중산층인 것이다.

직장인 대상 중산층 기준 설문 결과, (1) 부채없는 아파트 30평 이상 소유. (2) 월급여 500만원 이상. (3) 자동차2,000 cc급 중형차 소유. (4) 예금잔고 1억원 이상 보유. (5) 1년에 한번 해외여행 이라는 답변을 했다고 한다.

다른 사람과 단순히 연봉을 비교하기보다는 위와 같이 1인당 국민소득을 기준으로 따져보는 것이 훨씬 합리적인 방법이다. 그렇지만 과연 대한민국에서 7,000~8,000만원 이상을 중산층으로 볼때 1년에 7,000만 원 이상 소득을 올리는 사람이 몇 명이나 될까? 7,000만 원이 아니라도 좋다. 여러분의 가족 구성원 수에 맞게 한 번 계산해보라. 통계적 중산층에 드는가? 여러분처럼 본인도 부자가 되기 위해 나름대로 열심히 살았고 꽤 좋은 평가를 받아왔지만 회사원의 경제적 지위를 이 방법으로 따져봤을 때, 부자는 커녕 중산층에도 들지 못하고 영원히 그 굴레에서 빠져나오지 못할 게 너무나도 뻔한 사실이라는 것이다.

여러분의 경우는 어떤가? 본인처럼 통계적 중산층에 미치진 못해도 내년에는 뭔가 달라질 희망이 있는가? 아니면 20년 후에는 중산층을 훨씬 뛰어넘을 계획이 있는가? 그렇지 않다면, 당신도 돈으로만 모든 가치를 평가하는 데 숨은 함정을 알

아차리지 못하고 손에 쥐어지는 돈으로만 모든 것을 가늠하고 만족하면서 적당히 살아왔던 것이리라.

수입을 늘리는 방법 ㅣ 대부분의 직장인들이 소득을 늘리는 방법에는 두 가지가 있다. 하나는 연봉 인상이고 또 하나는 승진에 의한 소득 증가다.

연봉 인상의 경우, 앞에서 살펴본 종원의 예화에서 알 수 있듯이 다른 모든 물가도 함께 따라 올라가기 때문에 실질적인 효용은 전혀 없다. 단지 남보다 뒤처지지 않도록 전년 수준만 유지한다고 생각하면 맞는 계산일 것이다.

승진의 경우는 어떤가? 뭔가 여유 있는 미래를 보장해주는가? 승진으로 연봉 인상이 되더라도 커가는 아이들과 그에 따른 소비 증가로 당신의 경제적 지위는 제자리 걸음인 경우가 대부분일 것이다. 취학 전 아이들을 놀이방에 보내야 하고 취학 후에는 각종 사교육비 지출이 늘고 그 지출은 아이들이 결혼할 때까지 계속 증가일로에 있다. 자녀 교육비 뿐만이 아니다. 성장하는 아이들에 맞춰 집을 늘려가다 보면, 거기에 따르는 부대비용 역시 만만치 않게 증가한다. 그렇게 아이들이 커가는 동안 부모님 부양도 또 다른 경제적 부담으로 다가온다.

과연 승진으로 여유 있는 삶, 더 높아진 경제적 지위를 달성할 수 있을까? 가능성은 희박하다.

　여기서 다시 한 번 항상 우리가 범하는 오류를 정리해보자. 우리는 대부분 현재의 급여 수준을 기준으로 앞으로의 인상폭을 통해 더 나은 삶을 기대한다. 다시 말해, 올해 100이라는 급여를 받았다면, 내년에는 110 정도를 받아 더 나은 경제적 지위에 도달할 수 있으리라는 기대를 하며 산다는 이야기다. 하지만 종원의 예화에서 보듯이 자신의 급여수준이 단순히 10% 정도 증가했다고 해서 그의 경제적 지위에 변화가 있다고 생각하는 것은 오류라는 것을 밝혔다.
　물론 시간이 지나면서 재산을 모아가는 과정에서 전에 못 가졌던 재산을 소유할 수는 있지만 그것은 여러분 뿐만 아니라 모든 경제활동인에게 가능한 일이므로 특별히 여러분의 경제적 지위를 높여준다고 볼 수는 없다. 그래서 어떤 상황에서도 확실히 자신의 경제적 지위를 점검하는 잣대로 1인당 국민소득을 설명했다.

　이 책을 읽는 대부분이 통계적 중산층에 미치지 못할 것이라 확신한다. 왜냐하면 1인당 국민소득이란 빈부격차를 고려하지 않은 단순평균값이고 실제 사회에서 부자는 엄청난 부를 가진자이고 대부분은 고만고만한 수준에 모여 있기 때문이다.

그렇다고 통계적 중산층이 무의미한 것은 아니다. 통계적 중산층을 넘어서기가 대단히 어려운 만큼 일단 통계적 중산층을 넘어섰다는 것은 부자로 가는 첫걸음을 뗐다는 의미로 받아들일 수 있다.

2장

부(富)

부란 무엇인가 | 이제부터 누구나 관심있는 부 (富)에 대해 논의해보자. 과연 부(富)란 무엇인가? 여러분이 생각하는 부란 어떤 상태를 말하는가? 아마도 많은 분이 자유(自由)라고 대답할 것이다. 이 자유에는 일하지 않을 자유, 일하고 싶을 때 일할 자유, 가고 싶을 때 가고 싶은 곳을 갈 자유 등 여러가지가 있겠지만 사실 그 어떤 정의도 통렬하지 않아 보인다. 다음의 극단적인 예를 통해 부의 정확한 개념에 접근해보자.

대한민국에서 서울대학교를 졸업하고 미국 와튼스쿨에서 MBA 과정을 마친 창훈은 한 대기업에서 제시한 연봉 1억 2천만 원을 수락하고 근무중이다. 가족은 아내와 딸아이 하나, 그는 막내아들이라는 이유로 부모님을 모셔야 할 상황은 아니었다. 3인가족의 통계적 평균치인 9,000만 원을 넘는 수입을 올리고 있으므로 중산층을 뛰어 넘는 상류층이라 할 수 있을 것이다. 평소에 차 욕심이 많았던 창훈은 취업 후 바로 8천만 원짜리 최고급 승용차를 구입했다. 물론 차 값의 대부분은 할부로 상환하는 조건이다. 차를 사고보니 집이 너무 초라해보여 내친 김에 거액의 은행대출을 끼고 청담동의 시가 14억 원 상당의 고급빌라를 구입했다. 은행 대출금은 30년 상환 조건이었다.

하지만 막상 급여를 받고 보니 연봉 1억 2천만 원이라고 해도 세금이 많아 생각보다 실수령액이 적었다. 거기서 자동차 할부금과 은행 대출금을 빼고 다시 차량유지비와 주택관리비를 떼고나니 생활비가 빠듯했다. 조금이라도 더 벌기 위해 창훈은 퇴근 후 유학준비 학원에서 강사로 일을 시작했다. 당연히 시간적인 여유는 사라졌고 자신이 소유한 멋진 자동차를 타고 드라이브를 즐긴다거나 대궐 같은 저택에서 따뜻한 목욕과 여유로운 휴식은 꿈도 꾸지 못하게 되었다.

　해가 바뀌자 창훈과 비슷한 코스를 밟아 MBA 학위를 딴 많은 후배들이 대한민국으로 쏟아져 들어왔다. 공급이 많아지면서 창훈의 연봉은 9천만 원으로 깎였다. 억울하지만 할 수 없었다. 많은 후배들이 9천만 원보다 적은 연봉에라도 일하겠다고 덤벼들었기 때문이다. 도저히 생활수준을 유지할 수 없었던 창훈은 자동차를 팔았다. 차량할부금 부담에서 벗어나자 조금은 생활의 여유를 찾았지만 내년에 다시 연봉삭감이 된다면 집도 줄여서 가야 할지 모른다.

　창훈과 반대의 경우를 살펴보자.

　아프리카 정글에 한 부족이 살고 있다. 추장 아래 부족은 80여명 정도다. 경제활동이라 해봐야 나무열매와 수렵으로 음식을 섭취하는 정도로 1인당 국민소득은 계산 자체가 불가능하다. 당연히 자동차도 번듯한 집도 목욕탕과 화장실, 전기도 없기 때문에 문명의 편리함은 그림자도 찾아볼 수 없다. 아파도 제대로 된 의료서비스를 받지 못한다. 설사 근처에 병원이 있다하더라도 화폐경제에 편입되어 있지 않기 때문에 지불할 방법이 없다. 무척 불쌍해 보이긴 하지만 추장은 일을 하지 않는다. 계절에 따라 부족이 이동할 곳을 정해주고 환자를 주술로 치료 해주는 것 외에 생활과 직접 관련된 일은 하지 않는다. 식사는 부족원들이 조금씩 모아주는 것으로 해결하고 간단하지만 집짓는 일도 부족원 몫이다. 가끔 몇 달씩 신(神)과 만나기 위해 마을을 떠나 있더라도 걱정이 없다. 순번제로 부족청년들이 추장이 먹을 것을 동굴 입구에 갖다 놓는다. 부족의 일상생활은 각 부족원들의 협동심에 아무 문제없이 잘 돌아가고 새로 태어난 아이들에게 생존법과 문화를 전해주는 것도 부족원로 선에서 착착 진행된다. 추장은 자신의 생계를 위해 노력할 필요도 없고 부족원들의 세세한 상황까지 시시콜콜 신경쓸 필요도 없다. 더욱이 가장 중요한 것은 내년에도 그 다음해에도 추장 자리는 변함이 없다는 것이다. 죽는 날까지 추장은 추장으로 남는 것이다.

이 두 가지 경우에서 창훈과 추장 중 누가 더 부자일까? 누가 더 큰 부를 누리며 사는 것일까? 잠시 판단을 미루고 다음 연구 결과를 보자.

어느 연구 결과 | 미국의 어느 대학에서 실시한 연구 결과를 보면, 어느 시대 어느 나라를 막론하고 인구의 3%는 대성공을 거둬 모든 것을 누리며 탁월한 리더십을 발휘하여 시대를 이끌어 간다. 그들은 상류층이 되고 지도층으로

자리매김 한다. 그 3%의 지도층 아래 10%의 중산층이 있는데 이들 역시 꽤 잘사는 편이다. 사회의 스포트 라이트를 받는 정도는 아니지만 돈 걱정 없이 비교적 여유 있게 살고 있다. 그 아래 60%의 서민층이 있다. 이들은 그날 벌어 그날 먹고 살거나 그달 벌어 그달 먹고 산다. 일하지 않으면 생활이 불가능하며 근근이 생계를 유지하는 수준이다. 서민층 아래 27%는 먹고 살기가 어려워 다른 사람의 도움을 받아야만 목숨을 이어갈 수 있다.

참으로 안타까운 일이지만 이 결과는 어느 시대 어느 나라를 막론하고 비슷한 결과를 나타낸다. 대한민국 역사상에도 항상 그랬고 서양역사상에도 마찬가지다. 절대 변하지 않는 이 연구 결과에서 부(富)란 절대평가가 아니라 다른 사람과의 비교를 통해 정해지는 상대평가라는 결론에 이른다. 앞의 예화에서 창훈과 추장을 비교해봤을 때, 생활수준이 문제가 아니라 부족원을 강력히 지배하는 추장이 더 큰 부(富)를 누리고 있다고 보는 게 맞지 않을까?

1장에서 이야기했던 시원(始原)을 살펴보자. 사람들이 사회생활을 하기 전에는 사회 분업화가 이루어지지 않고 모든 것을 스스로 알아서 해결하는 자급자족 생활이었음을 앞에서 이야기했다. 이 시대야말로 의·식·주만 온전히 해결하던 시절이었다. 대부분의 시간을 먹는 것을 찾는 데 썼고 나머지 시간에 입을 것과 잠잘곳을 찾았다. 세 가지 요소를 모두가 스스로 해결해야 했으므로 배불리 먹기도 힘들고 좋은 옷을 입지도 못하고 동굴에서 사는 것으로 만족해야했던 상황이었다. 하지만 현재를 살고 있는 우리 생활상을 한 번 살펴보자. 여러분 대다수가 회사에 고용된 피고용인으로 월급을 받는 상황을 가정하고 이야기를 풀어나가겠다.

여러분이 회사에서 하는 일은 고도로 전문화되고 분업화되어 있다. 전체 업무 흐름을 파악하기보다는 주어진 일만 열심히 하면서 급여를 받는다.

결국 여러분 중 자신의 의·식·주를 직접 해결하기 위해 일하는 사람은 아무도 없다. 대부분의 봉급 생활자는 자신이 먹고 살기 위해 농사짓거나 자신이 살 집을 짓거나 자신의 옷을 만들면서 살진 않는다는 이야기다. 대신, 회사에서 받은 돈으로 자신에게 필요한 의·식·주를 교환한다. 여러분이 회사에서 받은 돈을 지불하여 얼굴도 본 적이 없는 동해의 한 어부가 잡은 물고기를 사고 경기도 이천의 이름 모를 농부가 생산한 쌀을 산다. 구릿빛 얼굴의 수많은 인부들이 땀흘려 지은 집도 살 수 있다.

이런 관계를 조금만 달리 표현하면 당신이 직접 동해바다 어부와 이천의 농부, 구릿빛 인부들을 당신을 위해 일하도록 한다고 볼 수 있다. 물론 그들이 온전히 당신만을 위해 일하는 것은 아니다. 그들이 하는 일 중 일부만이 당신을 위한 것이고 나머지는 다른 사람을 위한 것이다.

이렇게 화폐를 통해 다른 사람을 일정 기간 부리는 것을 이 책에서는 '계약적 지배'라고 하겠다. 이 계약적 지배가 가능한 것은 물론 화폐 때문이다. 화폐의 지불을 통해 서로가 불만이 없는 수준에서 계약적 지배 관계가 성립하는 것이다.

예를 들어, 경기도 이천의 농부는 누가 사갈지는 모르지만 1년 동안 열심히 쌀을 생산한다. 그리고 여러 경로로 쌀을 팔아 일정 보상을 받는다. 당신은 동네 쌀가게에서 쌀을 산다. 누가 생산한 쌀인지는 모르지만 가게주인에게 돈을 주고 쌀을 산다. 그 과정을 연결해보면 당신이 지불한 돈이 흘러흘러 쌀을 생산한 농부에게 지급되는 것을 알 수 있다. 결국 당신은 농부에게 일정 대가를 지불한 것이고 농부는 그 대가만큼 당신을 위해 일했다고 생각할 수 있다.

이처럼 다른 사람의 노동력을 지배하는 상황이 화폐를 통해 가능하기 때문에 돈을 벌기 위해 일하고 모든 가치를 화폐로 측정하게 된 것이다.

여기서 1장에서 이야기한 것처럼 화폐를 없애고 그 대신 힘이라는 말을 넣어 생각해보자. 당신에게는 동해바다의 어부와 이천의 농부와 구릿빛 인부를 지배하는 힘이 있다. 또 의·식·주 범위를 벗어나 당신에게는 택시기사와 버스기사를 일정 기간 지배하는 힘이 있다. 미용사와 의상 디자이너도 일정 기간 지배할 수 있다. 요즘처럼 세계화 시대에는 프랑스 포도농부도 지배할 수 있고 미국 실리콘밸리에서 밤새 일하는 연구원도 지배할 수 있다. 이처럼 돈 대신 지배라는 표현을 쓴다면 앞의 창훈과 추장의 예에서 누가 더 부자인지 쉽게 판단할 수 있을 것이다. 문명의 혜택을 받진 못하지만 아프리카에서 80명의 부족원을 지배하는 추장이 창훈보다 훨씬 더 부자인 것이다. 결국 부(富)란 사회구성원을 지배하는 힘과 능력인 것이다.

부란 상대평가 ㅣ 일본을 예로 들면, 이해가 더 쉬울 것이다. 2015년 말 기준 일본의 1인당 국민소득은 3만9천 달러 수준이었다. 대한민국의 2만7천 달러에 비해 고소득이다. 하지만 그와 비례해 일본국민들이 대한민국 국민들보다 반드시 더 잘사는 걸까? 전혀 그렇지 않다. 일본국민 대부분은 대한민국 국민 대부분과 마찬가지로 집 한 칸 장만하기 위해 몇십 년 일해야 하고 여기저기 생활비를 지출하다 보면 여유 돈 없이 힘겹게 생활한다. 그 이유는 뭘까? 물가가 비싸서? 맞는 말이다. 하지만 '계약적 지배'라는 개념으로 파악해보면 지배자의 힘이 센 만큼 피지배자도 세기 때문이다. 일본 국민은 한국 국민보다 더 벌지만 다른 일본 국민을 지배하

기 위해 그만큼 더 써야 하기에 결국 남는 게 별로 없다.

　한국의 부자는 한국사회에서 상위 13%에 해당하는 사람들이고 일본의 부자는 일본사회에서 상위 13%에 해당하는 사람들이다. 이처럼 부란 자신이 속한 사회의 다른 구성원들을 지배하는 능력이므로 3%의 상류층, 10%의 중산층, 60%의 서민층, 27%의 극빈층 구성비가 어느 시대 어느 사회를 막론하고 일정한 것이다.

　이런 결론이 나온 이상, 모두 잘사는 사회란 전혀 현실성 없는 이야기라 생각한다. 잘산다는 것이 죽도록 일하지 않고도 의·식·주를 해결하는 상황이라면, 모든 사람이 일하지 않고도 모든 사람의 의·식·주가 해결되어야만 그 사회의 모든 구성원이 다 잘산다고 할 수 있을텐데 아무도 일하지 않는 상황에서 의·식·주가 생산될 리 없으니 말이다. 물론 식민지나 노예제가 있다면 한 나라의 국민 모두가 자유롭게 잘살 수도 있지만 평등권이 보장되는 현대사회에서는 불가능한 이야기이고 합법적인 수준의 '계약적 지배'를 통해 부를 누리고자 한다면, 자신이 속한 사회의 13% 안에 들어야 한다. 그렇다! 부(富)란 상대적인 평가인 것이다.

　계약적 지배의 특징은 일방적이지 않고 쌍방 모두 이익을 얻고 만족한다는 점이다. 앞서 우리가 돈을 지불해 이천의 농부를 지배하는 것으로 이야기했지만 사실 농부 입장에서 보면, 자신이 생산한 쌀을 제공해 당신에게서 노동의 대가인 소중한 돈을 가져가므로 농부가 당신을 지배한다고 볼 수도 있다. 크게 보면, 결과적으로 두 사람 모두 원하는 결과를 얻고 만족하는 상황이다. 이처럼 상호의존적인 관계이므로 '지배'라는 단어가 어색할지도 모르지만 편리상 '지배'라는 단어를 계속 사용하겠다.

당신을 중심으로 생각해보면, 당신의 지출에 해당하는 계약적 지배와 수입에 해당하는 계약적 지배의 두 가지로 크게 나눌 수 있다. 지출에 해당하는 계약적 지배는 당신의 월급으로 농부를 지배해 쌀을 사거나 빵 만드는 사람을 지배해 빵을 사먹는 경우이다.

그런 계약적 지배를 가능하게 해주는 당신의 수입이 어디서 얻어지는지 생각해 보면, 수입에 해당하는 계약적 지배가 뭔지 알 수 있다. 바로 당신의 돈이 어디서 나오는지 살펴보면 된다. 당신의 돈은 어디서 나오는가? 고용주인가? 고용주도 당신의 능력을 사는 고객이라 생각하면, 수입에 해당하는 계약적 지배는 모두 '고객'이란 말로 간단히 표현될 수 있다.

부자와 가난한 사람을 구별하는 척도가 바로 이 수입에 해당하는 계약적 지배 즉, 고객이다. 계약적 지배의 특성에는 관계의 수, 강도, 지속성 세 가지가 있는데 먼저 관계의 수에

대해 알아보자. 로버트 기요사키의 '부자아빠 가난한 아빠'
에 나온 분류법에 '계약적 지배'라는 개념을 적용해보겠다.

■ 봉급생활자(Employee)

봉급생활자의 '계약적 지배' 관계는 고용주뿐이다. 물론 봉급생활자가 급여를 받을 수 있는 이유는 재화나 서비스를 통해 그 회사가 많은 고객을 계약적으로 지배하기 때문이지만 일반적인 봉급생활자는 고객과 직접적인 관계를 맺고 있는 것이 아니라 고용주를 위해 노동력을 제공하고 그 대가로 봉급을 받는다. 관계가 단순하기 때문에 변경도 어렵고 정해진 대가 이상의 수입도 기대하기 어렵다.

그러므로 꿈의 직장이란 있을 수 없다. 단 하나뿐인 고객을 잃으면, 모든 현금 흐름이 종료된다. 또다시 고객을 찾기란 하늘의 별따기보다 어렵다. 한국의 직장인들이 생각하는 정년이 이제는 48.8세라는 최근 연구조사 결과도 있다. 자신과 가족의 행복을 가느다란 줄 하나에 매달고 인생이라는 깊은 계곡을 건너는 사람들이 바로 봉급생활자다.

*'사장은 종업원이 도망가지 않을 정도로만 월급을 주고
종업원은 잘리지 않을 정도로만 일한다.'*

자영업자(Self-employed)

자영업자의 수입을 보면, 자신을 찾아오는 고객과 맺는 계약적 지배관계에서 수입이 나온다는 것을 알 수 있다. 이들은 고객에게 서비스를 제공하고 그들로부터 화폐 형태의 대가를 받는다. 봉급생활자보다 계약적 지배관계의 수, 다시 말하면 고객 수가 많고 제한이 없기 때문에 노력에 따라 그 수를 계속 늘려갈 수 있다. 그 결과, 봉급생활자보다 더 나은 경제적 수준을 기대할 수도 있다. 하지만 대개 지역적으로 제약을 받기 때문에 시장 크기에 한계가 있다.

현실적으로, 자영업자의 미래는 그다지 희망적이지 못하다. 보통의 자영업자들은 특별한 비교우위를 갖추지 못하고 있는 것이 현실이다. 노동부가 구직 희망자들을 대상으로 시행한 설문조사에 따르면, 자영업 희망자 절반 이상이 식당(26.8%)이나 분식점(11.3%), 치킨전문점(12.0%) 등 전문지식이 필요없는 '음식장사'를 원했다고 한다. 전문지식이나 자신만의 비교우위가 없는 상태에서 "하면 된다"라는 의욕만으로 벌이는 사업은 당연히 실패 확률이 높다. 몇 천만 원부터 수억 원 정도의 자본을 투자해 사업을 시작한 경우, 5년 이내 부도 확률은 80%이고 은행이자 정도가 나오는 현상유지 상태가 15%, 성공적인 경우가 5% 정도라고 한다. 그나마 성공한 5%의 경우도 상권이나 경제여건의 변화에 따라 업종을 계속 바꿔줘야 하는 실정이다.

사업가(Businessman)

사업가도 자신의 고객과 계약적 지배관계를 맺고 있지만 자영업자와 가장 크게 다른 점은 고객의 범위가 훨씬 넓다는 점이다. 쉽게 말하면, 자영업자는 모든 고객과 얼굴을 맞대고 1 대 1로 상대하지만 사업가는 직접 얼굴을 볼 수 없는 고객까지 지배할 수 있다. 이처럼 고객 수가 많기 때문에 성공했을 때 얻는 보상은 자영업자의 그것과는 비교할 수 없을 정도로 엄청나다.

경제적 보상과 더불어 성공한 사업가는 자기시간을 자유롭게 쓸 수 있다. 일반적으로, 사업체에서는 여러명이 함께 모여 일하기 때문에 자연스레 자생력이 생기고 이처럼 자생력을 지닌 시스템이 갖춰지면, 사업가가 자기자리를 지켜야 할 필요성은 사라진다. 하루종일 가게에서 자리를 지키고 손님과 눈을 맞춰야 하는 자영업자와 비교했을 때, 자신이 꼭 붙어 있지 않아도 수익이 발생하는 사업가의 지위가 더 특별하다는 것을 알 수 있다.

다만 사업체라는 시스템을 갖추려면, 막대한 자금이 필요하고 사업을 성공적으로 이끌기 위해서는 확실한 수익 모델

이 있어야만 한다. 그렇지 않을 경우, 큰 손실만 입고 끝날
수도 있는 것이 사업이다.

성공이라는 고지를 향해 매진하는 사업가를 계약적으로
지배하는 사람이 투자자다. 사업가뿐만 아니라 사업체에 딸
린 종업원은 물론이고 고객까지 지배하게 된다. 따라서 투
자자는 열심히 뛰어다니거나 사업에 신경쓰지 않고도 사업
체를 통해 많은 고객을 계약적으로 지배하고 거기서 나오는
과실을 맛볼 수 있다. 하지만 투자는 어디까지나 투자이지
예금이 아니므로 잘못 선택하면 모든 것을 잃을 수도 있다.

부자가 되려면 | 은행나무 꼭대기에 올라가는 방
법을 아는가? 두 가지 방법이 있다. 하나는 열심히 나무를 기
어올라 꼭대기에 오르는 것이고 또 하나는 은행을 땅에 심고
그 위에 앉아 물을 주면 나무가 자라 저절로 꼭대기에 오르는
것이다.

봉급생활자는 아예 은행나무 근처에도 접근하지 못한다.
자영업자는 올라가는 시늉은 하지만 그가 택한 것은 은행나

무가 아니라 개나리여서 높이 오를 수가 없다. 은행나무 꼭대기로 열심히 기어올라가는 사람이 사업가라 할 수 있고 은행나무위에 앉아서 은행나무가 자라면 저절로 꼭대기에 올라가는 사람이 투자자라고 할 수 있다.

위의 분류에서 큰 부를 갖지 못한 봉급생활자나 자영업자에 비해 큰 부를 가진 사업가나 투자자의 특징은 뭐라고 생각하는가? 그것은 바로 고객 수다. 일단 고객이 많아야 한다. 계약적 지배는 말 그대로 계약적이기 때문에 고객 한 명에 대한 지배력에는 한계가 있다. 그러므로 부의 형성을 원한다면, 당신이 제공하는 서비스가 어떤 것이든 그 서비스를 원하는 고객 수를 늘려야 한다.

일반적으로 계약적 지배관계의 수가 많아져야만 부를 누리고 상위 13%에 진입할 기회가 생긴다고 보면 맞지만 거기에 덧붙여 계약적 지배의 강도도 생각해봐야 한다. 화폐로 생각하면 매우 쉬운데 서비스 가격을 생각하면 된다. 잊지 말것은 그러면서도 돈을 떠나 계약적 지배 개념으로 파악해야만 한다는 것이다. 계약적 지배의 강도가 강한 종목으로는 의료서비스, 법률서비스, 명품 등이 있다.

아무리 많은 재산을 물려받았거나 복권에 당첨되어 큰 돈이 생겨도 얼마 후 모든 것을 잃고 제자리로 돌아오는 사람들을 종종 보게 된다. 이들의 경우, 계약적 지배의 지속성을 확보하지 못했다고 할 수 있다. 큰 돈을 갖게 되면 그 돈을 이용해서 많은 사람을 강하게 지배할 수 있지만 아무리 재산이 많아도 계속 쓰기만 한다면 언젠가는 고갈될 것이고 그런 상황이 오면 더 이상 계약적 지배관계를 유지할 수가 없다.

따라서 단순히 돈을 많이 벌고 많은 재산을 갖는 것보다는 그것을 기반으로 지속적인 현금 흐름(Cash Flow) 즉, 지속적인 계약적 지배관계를 만드는 것이 더욱 중요하다. 예로부터 돈은 버는 것보다 관리하기가 더 어렵다는 말이 있는데 자신의 노동력이나 아이디어로 돈을 버는 것과 이미 번 돈으로 현금 흐름을 만드는 것은 별개이기 때문이다. 지속적인 계약적 지배로는 앞서 이야기한 의료서비스와 법률서비스 등이 있고 그 외에도 없어서는 안될 생필품 관련 분야, 저술이나 작곡과 같은 창작활동에 대한 인세 수입, 부동산 임대업, 주식 배당 등이 있다.

여기서 잠깐 정리해보면, 부자가 되려면 돈에 의한 가치판단을 떠나 타인에 대한 '계약적 지배' 가

1) 그 수가 많아야 한다.

2) 강도가 강해야 한다.

3) 지속적이어야 한다.

라고 이야기할 수 있다. 이런 근거를 바탕으로 다시 한 번 창

훈과 아프리카 추장의 부를 비교해보자. 창훈은 아무리 똑똑하고 공부를 많이 했어도 피고용인이기 때문에 가지는 계약적 지배관계가 고용주 하나뿐이고 해가 바뀌면 파기될 수도 있는 불안한 관계인 반면, 아프리카 추장은 문명과 동떨어져 좋은 음식과 멋진 집을 소유하진 못하지만 80명의 부족원을 평생 지속적으로 지배하고 더구나 부족원들을 생활, 경제, 신념, 종교, 결혼, 죽음 등 모든 측면에서 지배한다. 비례상으로도 80명 중 서열 1위인 추장은 그 사회의 상위 3%에 속하므로 추장이 누리는 부는 창훈과는 비교할 수 없는 높은 수준인 것이다.

부자를 원하는 사람이라면 그 크기를 계량하기 위해 화폐를 단위로 사용해야 하지만 그와 더불어 좀더 본질적인 접근방법으로 '계약적 지배' 개념을 습득하고 자신이 가진 계약적 지배의 수, 강도, 지속성 등을 끊임없이 체크하는 습관을 길러야 한다.

새로운 경제적 척도 | 1장에서 논의한 돈 대신의 새로운 경제적 척도를 제시하겠다. 이 기준은 어느 시대 어느 사회든 통용될 수 있는 불변의 가치기준이다. 그 기준은 바로 당신이 속한 사회의 구성원을 몇 명이나 고용할 수 있는가다. 운전기사도 좋고 가정부도 좋고 직원도 좋다. 다만 외

국인 노동자가 아닌 자국민으로 그 대상을 한정할 필요가 있다. 당신 소득으로 운전기사는 몇 명이나 고용할 수 있는가? 또 얼마 동안 고용상태를 유지할 수 있는가? 당신은 입주 가정부를 몇 명이나 고용할 수 있는가? 또 얼마 동안 고용 상태를 유지할 수 있는가? 앞으로 그 수가 늘어날 수 있는가?

그 수를 어림잡아 보기에 앞서 다음 조사 결과를 살펴보자. 노동부에서 2014 회계연도를 기준으로 상용근로자 10인 이상 규모 기업체 근로자 1인당 월평균 노동비용은 467만 원으로 나타났다. 이만큼의 비용을 지불하면서 당신은 몇 명의 직원을 고용할 수 있는가? 몇명 이상을 고용할 수 있는 현금 흐름을 확보하고 있는가? 참고로 기업 규모별 근로자 1인당 월평균 노동비용은 다음과 같다.

표2-1 기업 규모별 근로자 1인당 월평균 노동비용(대한민국 2015년 기준)

기업 규모 (종업원 수)	근로자 1인당 월평균 노동비용(원)	노동비용 중 직접비(원)	노동비용 중 간접비(원)
300명 이상	5,907,000	4,629,100	1,277,900
300명 미만	3,683,000	2,886,620	796,380

다시 한 번 말하지만 당신은 직접 의·식·주를 해결하지 않는다. 다른 사람들의 노동과 당신의 노동을 맞바꾸는 것이

다. 따라서 당신의 소득으로 고용할 수 있는 사람이 자신뿐이라면 차가 몇 대 있든, 집이 몇 채 있든 당신은 절대로 부자가 아니다. 1인분일 뿐이다. 부란 상대개념이다. 직접 일하지 않더라도 당신의 의·식·주를 해결해주고 원하는 서비스를 제공하는 사람을 계약적으로 많이 지배해야 한다. 전체 경제의 큰 피라미드 속에서 자신의 위치가 올라가야 부를 누리는 것이지 피라미드에서 내 위치에는 변화없이 단지 "작년보다 임금이 10% 올랐으니까 올해는 형편이 나아지겠지."라는 것은 절대로 잘못된 생각이다.

경제서클에 들지 못한 사람들 | 부자를

꿈꾸는 여러분을 위해 부자를 가늠하는 척도를 알아봤지만 안타깝게도 앞으로는 다른 사람을 고용하는 것이 문제가 아니라 직업이 있다는 것만으로도 축복인 시대가 될 것 같다. 계약적 지배관계 속에 있으려면 일단 이 사회의 경제적 분업 다시 말해, '경제서클'에 참여해야 하는데 요즘의 청년실업과 조기퇴직 현상을 보면 그런 경제서클 진입도 어려워지지만 설사 진입하더라도 머무는 시간이 점점 짧아지고 있다.

2차 세계대전 이후로 세계인구는 증가해왔다. 지금까지는 그 증가 속도보다 산업 성장속도가 빨라 노동시장은 항상 수

요초과 상태였다. 일자리는 널려 있었고 취업 희망자들에게 선택권이 주어졌다. 하지만 산업의 성장속도는 점점 느려지고 새로운 산업은 쉽게 나타나지 않고 있으며 기존산업들은 자동화되어 노동력이 절감되는 방향으로 가고 있다. 그 결과, 취업이 힘들어진 요즘 젊은이들은 자신의 경쟁력을 높여 좁아진 취업문을 통과하기 위해서 상급 교육기관에 진학하여 학위를 취득하고 외국유학을 다녀오는 등 많은 노력을 하지만 막상 그 과정을 밟아도 취업 문턱은 낮아지지 않고 있다. 여기서 놓치지 말아야 할 것은 이처럼 젊은이들 사이에서 학위와 스펙 쌓기 경쟁에 불이 붙어 그들의 경제서클 진입이 늦어지고 있다는 점이다.

경제서클에 진입하는 젊은이들의 나이가 점점 높아진다고 해서 이미 경제서클에 참여하고 있는 구성원들이 더 오래 경제서클 안에 머물 수 있는 것도 아니다. 최근 조사결과에 따르면, 직장인들의 체감 정년은 평균48.8세인 것으로 나타났다. 앞으로는 대학을 졸업하고 대학원에 진학하고 다시 외국유학을 다녀와서 30세가 넘어 취업을 하게되면 직장생활을 15년도 하기 힘든 시대가 된다는 것이다.

이런 사태의 근본 원인은 3장 산업혁명의 특수성에서 자세히 살펴보기로 하고 이번 장에서는 경제서클에 들지 못한 사람들이 어떻게 살아가야 하는가에 대해 알아보자. 당신은 현재 어떤 상태인가? 경제서클에 들어있는가? 그렇다면 60세가 넘어서까지 당신의 직업을 유지할 수 있는가? 다시 말해, 당신의 계약적 지배에는 지속성이 있는가 말이다. 아마도 여러분 대부분은 불안을 느끼고 있을 것이고 그 대비책으로 저축과 주식, 연금 등에 의존하고 있을 것이다. 지금까지는 그런 것이 현명한 노후대책이라는 인식하에 추천되어 왔다. 저축, 주식, 연금의 공통점은 마치 투자자와 마찬가지로 직접 경제서클에 참여하지 않고도 소득을 올릴 수 있다는 것이다. 저축을 하면 그 돈이 다른 산업에 투자되어 거기서 나오는 이익을 받고 주식투자를 하면 그 돈으로 자본금을 충당한 기업들이 열심히 사업을 확장해 그 열매를 배당금이나 주식차액으로 돌려주었다. 연기금 또한 이상적으로는 다른 산업에 재투자되어 거기서 발생하는 이익금으로 연금 납입자들에게 그 혜택이 돌아갔지만 이제는 이 모든 것이 불가능한 시대가 오고 있다.

노후대책의 구조적 문제점 | 노후대책이란 말을 본질적으로 따져보면, 한 사람이 경제서클에서 퇴출되어 직접 계약적 지배관계를 유지할 수 없게 되었을 때, 경제서클 내의 다른 사람들에게 계속 간접적인 지배력을 행사

할 수 있게 해주는 장치를 말한다. 그렇다면 결국 경제서클 참가자가 경제서클 외부사람들을 부양한다는 이야기가 된다. 그 활동을 가능하게 해주는 수단은 물론 돈이다. 하지만 우리는 1장에서 돈이란 사회구성원 간의 약속일뿐 하루아침에 휴지조각이 될 수도 있음을 보았다. 따라서 노후대책에서도 돈을 떠나 생각해 보기로 하자.

앞서 말한 예금, 주식, 연금의 한계를 논의해보자.

2016년 1월 기준 대한민국의 예금이자율은 세금을 제하고 물가 상승률을 따지고 보면 마이너스에 가깝다. 그 이유는? 기업들이 돈을 필요로 하지 않기 때문이다. 즉, 당신이 예금해놓은 돈이 기업으로 흘러들어가 많은 종업원들을 계약적으로 지배하는 상황이 아니라는 말이다. 이런 상황에서는 저축을 통해 노후를 보장받겠다는 것은 불가능하다고 판단된다.

대부분의 사람들이 주식투자를 하는 이유는 미래에 누군가 자신의 주식을 더 비싼 가격에 사주길 바라기 때문이다. 즉, 주식을 통해 미래의 누군가를 계약적으로 지배하겠다는 의도인 것이다. 세계 주식시장은 뚜렷한 상승 모멘텀 없이 오락가락 표류 중이다. 그 이유는? 세계 경제 불황속에서 미래가 불투명하기 때문이다. 전문가들은 세계 경제의 장기적인 침체를 염려하고 있다. 경제가 장기 침체된다면 주가가 오를 가능성은 희박하다. 미국에서도 주식으로 노후를 대비한 많

은 노인들이 다시 일거리를 찾아 나서고 있다고 한다. 앞으로
는 이 방법도 그리 믿을 만한 것이 못되는 것 같다.

　대한민국에서 전 국민을 대상으로 시행되고 있는 국민연금
은 그 실효성에 의문이 제기된 지 벌써 몇 년째다. 미국에서
는 사회보장기금이 거의 바닥나 몇년 후가 되면 지급불능 상
태에 빠질 것이라고 한다. 우리나라도 국민연금 고갈이 앞당
겨질 것이라고 우려하고 있다.
　많은 사람들이 우려하는 대로 잘못된 운영으로 기금이 바
닥나 연금제가 붕괴될 것으로 보는가? 그럼 그 운영 방법을
개선하고 기금을 더 충당하면 유지될 수 있을까? 대답은 '어
렵다' 이다. 국민연금은 지속적으로 유지되기가 힘들다. 다시
한 번 말하지만 연금은 경제서클 내부사람들이 경제서클 외
부사람들을 먹여살리는 것이다. 지난 2000년에는 노동인력
10명이 퇴직자 1명을 지원했지만 출생률이 감소하고 사회가
고령화되면서 2030년에는 노동자 3명이 퇴직자 1명을 지원
해야 할 것으로 예상되고 있다. 아마도 시간이 더 흐르면 노
동자 1명이 퇴직자 1명을 부양해야 할 시대가 올지도 모른다.
노동자가 퇴직자의 노예가 아닌 이상, 노동자 1명이 퇴직자 1
명을 부양한다는 것은 불가능하다. 연금제는 사람들의 평균
수명이 60세 정도로 짧고 산업이 계속 팽창하던 시절에 가능
한 제도이지, 노동인구보다 비노동인구가 많은 상황에서는

절대로 유지될 수 없는 모래성인 것이다.

그럼 어떤 방법이 있을까? 또 앞으로 어느 방향으로 진화하고 그 상황에서 최선책은 무엇일까? 그에 대한 논의는 7장에서 하기로 하고 다음 장에서는 역사 속에서 산업혁명이 갖는 특수성에 대해 논의해보자.

3^장 산업혁명의 특수성

물건이 돌면

19세기 말, 태양이 작열하는 오후, 미국의 어느 시골약국에 남루한 차림의 사내가 들어섰다. 덥수룩한 수염에 온몸에는 먼지를 뒤집어썼지만 지저분한 얼굴에도 반짝이는 눈빛만큼은 범상지 않았다. 사내를 본 약국주인은 좀전에 깨끗이 청소해놓은 바닥에 먼지가 떨어질 것 같아 찜찜했지만 애써 미소를 지었다.

"뭘 드릴까요?"

남루한 사내는 아무말 없이 품속에서 컵을 꺼내 다 찌그러진 주전자를 들고 뭔지 모를 액체를 따랐다. 약국주인의 눈에는 컵의 내용물보다 지저분한 컵이 눈에 먼저 들어왔고 그 컵에 묻어 있을 수많은 세균이 머릿속에 그려졌다.

"이게 뭡니까?"

약국주인은 불쾌함을 참으며 손님에게 최대한 예의를 갖춰 물었다.

"기회요!"

조금은 퉁명스레 말하는 사내는 약국주인의 반응에는 전혀 신경쓰지 않았다. 아마도 여러곳에서 거절당하고 왔기 때문에 내성이 생긴 모양이다. 눈앞에 펼쳐지는 지저분함의 향연에도 약국주인은 사내의 당당한 태도에서 뭔지 모를 확신과 자신감을 느꼈고 컵에 담긴 액체에 호기심이 생겼다. 약국주인은 컵과 사내를 번갈아 쳐다봤다. 사내는 시선을 돌려 딴곳을 쳐다보고 있었다. 당장 쫓아내고 싶었지만 약국주인은 손을 뻗어 컵을 쥐었다. 왠지 모르게 손에 착 감겨왔다. 눈을 들어 사내를 쳐다보았지만 사내는 여전히 관심없다는 듯 딴청이었다. 약국주인은 컵을 들어 한 모금 쭈욱 들이켰다.

"웩!"

좀전에 청소해놓은 깨끗한 바닥 위에 입안의 액체를 모두 뱉고 말았다. 무수한 바늘이 입안을 찌르는 느낌이었다.

"이게 뭐야?"

    남루한 차림의 사내는 더이상 머무를 필요가 없다는 듯 약국을 나갈 준비를 했다. 주전자를 집어들고 약국주인의 손에 있는 자신의 컵을 달라고 했다.

    "잠깐만!"

    뭔가 이상했다. 좀전까지 따가운 입안이 화해지면서 청량감이 느껴졌다. 더구나 그 액체는 꽤 달콤했다. 한 모금 더 마셔봤다. 입안이 따갑기는 마찬가지였지만 이번에는 견딜 만했고 제대로 그 맛을 느낄 수 있었다. 지금까지 느껴보지 못한 희한한 맛이었다. 약국주인에게도 그것은 기회의 맛이었다.

    둘은 이야기를 시작했다. 굉장히 많은 이야기가 오고간 끝에 약국주인은 금고 안의 전 재산을 꺼내어 남루한 차림의 사내에게 건넸다. 사내는 작은 종이쪽지를 약국주인에게 주었다. 얼마후 약국은 입안을 간지럽히는 액체를 찾는 손님들로 붐비기 시작했다. 남루한 사내가 건넨 종이쪽지에 적혀 있던 것은 코카콜라의 배합 비율이었다. 일단 마셔본 사람들의 입맛을 확실히 사로잡은 코카콜라는 이렇게 전 세계로 팔려나가기 시작했다.

최고 히트상품 코카콜라가 전 세계로 진출하는 과정에서

이런 일들이 벌어졌다. 코카콜라를 만드는 데는 설탕이 필요했으므로 플로리다와 쿠바의 사탕수수 농장은 많은 돈을 벌어 들였다. 사탕수수를 정제해 설탕을 만드는 업자들도 돈을 벌었다. 수많은 유리병이 필요했으므로 유리병 제조공장도 돈을 벌었다. 미국 전역에 코카콜라를 공급해야 했으므로 운수회사도 돈을 벌었다. 물류가 늘면서 도로설비업자들도 돈을 벌었다. 전 세계로 수출되면서 화물선 제조업자들도 돈을 벌었다. 광고 덕에 카피라이터, 사진작가도 돈을 벌었다. 그리고 각 산업 영역에 딸린 식구들 즉, 수많은 종업원들에게 일자리가 제공되었다. 다시 말하면, 코카콜라라는 하나의 상품이 세계를 돌면서 무수한 사람에게 기회와 일자리를 제공한 것이다. 그리고 이런 순환과정을 가능하게 해준 것은 바로 산업혁명이었다.

산업혁명 덕분에 화석 연료를 사용하는 기계가 인간 노동력을 대체하게 되었고 단조롭고 반복적인 작업을 실수 없이 지치지 않고 해냈기 때문에 생산 효율과 생산량은 눈부시게 증가했다. 시장은 너무나 광대한 나머지 만들기만 하면 팔리는 시대였다. 생산량 증대가 미덕인 시대였다. 상품을 만들어 팔자 이익이 생겼다. 그 이익을 재투자해 생산시설을 늘리고 종업원을 더 고용해 더 많은 물건을 팔았다. 그 돈은 다시 종업원들에게 분배되었고 소득이 늘어난 종업원들 주머니에서 나온 돈으로 상품은 더 많이 팔렸다. 전형적인 경제의 선순환이었다.

산업혁명이 쏟아낸 많은 발명품 덕분에 생활의 모든 면이 향상되었고 삶은 편리해졌다. 20세기 최고의 발명품에 세탁기가 선정된 이유는 비록 그것은 간단한 기계였지만 그 덕분에 여성들이 하루 대부분을 차지하는 노동에서 해방되고 여가시간을 획기적으로 늘릴 수 있었기 때문이다. 세탁기, 냉장고, 에어컨, TV, 자동차, 로봇 등 인간생활을 편리하게 해주고 가치있는 여가시간을 만들어준 문명의 기계들은 계속 쏟아져 나왔다.

이 책을 읽는 대부분이 급속한 발전의 시대를 살아왔기 때문에 경제의 선순환이 언제까지나 계속될 것이라는 믿음이 마음 한구석에 자리잡았을 것이다. 하지만 역사를 살펴볼 때, 지난 60년 간의 지속적인 경제성장은 매우 예외적인 경우에 해당함을 알 수 있다.

공급과잉 | 세계인구가 아무리 많아도 무한하진 않듯이 시장이 구입할 수 있는 재화량도 분명히 한계가 있다. 따라서 공급이 수요를 초과하는 상태가 언젠가는 오게 되어 있

다. 이 시대를 사는 우리들은 그런 경우를 접해본 적이 없다. 2차 세계대전 후, 약 60년 동안 신상품이 계속 쏟아져 나왔고 세계 경제는 지속적으로 성장해왔기 때문이다. 하지만 대한민국의 자동차회사 사정을 들여다보면, 공급 과잉에 대해 쉽게 감을 잡을 수 있을 것이다.

1995년 대한민국 자동차시장에서 가장 큰 쟁점은 15년 만에 내수가 정체되었다는 것이었다. 자동차 내수시장은 2차 석유파동이 한창이던 1980년 일시 감소했을 뿐 항상 꾸준히 성장해 왔는데 1995년 들어 1.1% 감소했다. 1995년 국내총생산(GDP) 성장률이 9.4%에 달했고 민간소비 증가율도 8.4%로 전반적인 경기지표가 1994년보다 호조였음에도 불구하고 자동차 판매가 이처럼 부진했던 것은 자동차 시장의 근본적인 변화에 원인이 있었다.

자동차 시장이 포화되었다는 증거로 1995년 들어 대체수요 비중이 50%를 넘어서면서 경차와 소형차 수요가 감소하고 준중형, 중형차 수요가 증가했다. 하지만 그 와중에도 자동차 산업에 무리하게 진출한 기업이 있었다. 삼성중공업은 상용차 생산을 위해 설립한 대구 성서공단 내 공장 기공식을 그해 3월에 가졌고 삼성자동차는 4월 부산 신호공단의 승용차 공장 기공식을 가졌다. 그후 IMF 위기를 겪기는 했지만 가장 근본적인 원인으로는 공급 과잉 때문에 현대, 기아, 대우, 쌍용, 삼성 5대 자동차사 중 4개사는 인수 합병 과정을 거쳤고 2016년 현재 매각되거나 인수되지 않은 회사는 현대 자동차 하나뿐이다.

사실 자동차 시장의 공급 과잉은 비단 대한민국만의 문제는 아니다. 세계유수 자동차 회사들이 인수 합병 과정을 거쳐 재편되는 중이다. 미국의 자동차 제조업체 빅3 중 하나인 크라이슬러가 1998년 5월 다임러 벤츠에 인수된 것을 보면 그 심각성을 알 수 있다. 공급 과잉은 아무리 재벌이 나서고 선진경영 기법으로 무장해도 해결할 수 없는 문제다. 수요가 늘거나 공급이 줄거나 둘 중 하나다.

1929년 | 전반적인 공급 과잉으로 전 세계경제가 몸살을 앓던 때가 있었다. 1929년 미국에서 시작된 경제대공황이 바로 수요를 훨씬 능가한 생산력이 문제가 되었던 선례이다. 경제는 워낙 복잡하고 유기적인 현상이라 바라보는 시각에 따라 다른 해석이 가능하다. 대공황의 원인에 대해서도 여러 이견이 있지만 가장 보편적으로 인정되는 원인으로는 1차 세계대전에 의해 미국의 생산량이 크게 증가했고 그 상태에서 전쟁이 끝났다는 점이라 할 수 있다.

1차 세계대전은 미국경제를 폭발적으로 발전시키는 계기가 되었다. 유럽 각국이 서로 전쟁터에서 싸우고 있을 때, 그들이 그 동안 일궈놓은 시장은 미국이 장악했고 미 본토의 광활한 대지에서 무한정 생산된 농산물과 무기와 군수품 등 공산품을 연합국과 동맹국 가리지 않고 동서 유럽제국에 쏟아부어 비약적인 경제발전을 이룰 수 있었던 것이다. 다시 말해, 1차 세계대전의 전황이 치열해질수록, 미국의 생산력과 경제발전은 급상승했던 것이다.

1차세계대전 후 10년 뒤인 1929년까지 미국은 세계에서 가장 부유하고 강력한 나라가 되었다. 당시 통계를 보면, 미국인 5명 중 1명이 자동차를 보유했고 미국 가정이 보유한 라디오 수는 1,300만 대에 육박했으며 미국을 제외한 세계 모든 국가가 소유한 전화 대수보다 미국의 전화 대수가 더 많았다. 그러나 그것은 거품이었다.

거시적으로 봤을 때, 1919년 1차 세계대전이 끝나면서 미국의 과잉 생산품 판로는 급작스럽게 차단되었다. 그런 상황에서도 미국은 전후 약 10년 간 잉여생산물을 폐허가 된 유럽 각국에 원조 형식으로 소모해 비대한 경제체제를 유지하면서 호황을 누릴 수 있었다. 그러나 미국의 원조정책에 힘입어 1925년 경에는 유럽 각국도 전후복구를 마치고 전쟁 전 수준에 도달할 수 있었다. 자급자족할 만큼의 농산물 생산이 이루어지고 공장은 정상적으로 가동되어 이제는 세계에 펼쳐진 상품시장과 자본시장을 향해 발 빠르게 움직이고 있다. 물론 유럽 각국 입장에서는 극히 다행한 일이었지만 상대적으로 그 여파는 미국의 생산력과 구매력의 불균형으로 나타났고 이 불균형은 경제공황으로 이어졌다.

1929년 9월 뉴욕 증권시장의 투기꾼들은 주식을 내다팔기 시작했다. 그리고 10월 24일 소위 '마의 목요일' 주가는 대폭락했다. 기업가나 정치인에 의한 공적회복은 기대하기 힘들었다. 이것은 다시 물가폭락, 은행과 기업의 도산, 실업자 폭증으로 이어졌다. 1929년 9월 3일 381이던 다우존스(Dow Jones) 종합지수는 11월 13일 198까지 떨어졌다. 하락세는 1932년 6월에 가서야 34에서 끝났다.

이처럼 대공황을 맞은 미국은 채무국인 유럽 각국에 채무이행을 촉구하게 되었고 1931년부터 1933년 사이 공황은 전 세계로 퍼졌다. 공황타개를 위해 각국은 나름대로 대책을 수립했다. 대표적인 것이 루즈벨트 대통령의 뉴딜(New Deal) 정책이지만 그 실효성에는 의문이 많았다. 공황이 시작된 지 10년 후인 1939년 2차세계대전 발발 전까지 미국의 실업률은 떨어지지 않았기 때문이다.

선순환 | 이상하게도 2차대전 후에는 공황이 오지 않았다. 1차대전 때와 똑같이 전후 이런 차이가 생긴 이유는 뭘까? 전 인류에게 영향을 미칠 정도로 대단한 것은 과연 뭘까?

2차대전 후 공황을 억제하고 60년 간 산업성장을 이룰 수 있었던 밑거름은 사실 과학기술의 눈부신 발전이었다. 1차대전 종전 때와는 양상이 달랐다. 혁신적인 신상품이 초기수요를 창출하면 상품의 편의성에 눈뜬 고객들이 다음 상품의 공급을 재촉하고 나섰다. 대량생산 기술의 발달로 전 세계에 상품이 공급되었고 가격이 낮아져 많은 사람이 구매자 반열에 오를 수 있었다. 전쟁을 통한 무기 경쟁 덕에 운송수단은 이미 첨단화되었고 세계는 하나의 경제권으로 묶여갔다. 때맞춰 이전에는 볼 수 없었던 신상품이 계속 쏟아져 나왔다. 세탁기, TV, 전화, 냉장고, 선풍기, 에어컨, 자동차, VCR, 컴퓨터, 휴대폰, 디지털 카메라, 캠코더, DVD 등이 인간의 필요성(needs)을 정확히 파악하고 줄지어 나온 것이다. 워낙 다양한 제품이 어필(appeal)했고 소비자들이 도저히 사지 않을 수 없을 만큼 매력적이었다.

소비재 뿐만 아니라 공장, 도로, 철도, 항만, 댐 등의 사회간접자본(SOC) 투자가 이어졌고 무역 규모는 커지고 부동산 가격의 상승이 잇따랐다. 물가상승과 금리인상은 자연스런 현상이었고 경제 규모가 커짐에 따라 금융업도 점점 복잡한 양상으로 발전하기 시작했다.

　세계경제의 부흥기에 1차 경제개발 5개년 계획을 시점으로 대한민국도 거대한 산업화의 물결을 타고 지금까지 발전해올 수 있었다. 황토길이 아스팔트로, 부채는 선풍기로, 선풍기는 다시 에어컨으로, 우물가 빨래터는 세탁기로, 한적했던 농촌은 대단위 공업단지로 거듭된 변화와 발전이 10%대 경제성장의 원동력이었다. 수출전선도 불야성이었다. 고(故) 정주영 현대그룹 명예회장은 새벽 4시부터 직접 건설현장을 진두지휘했고 대우그룹 사옥은 밤 12시까지도 불이 꺼지지 않던 시절이었다. 소득증가는 소비증가로 이어졌고 소비증가는 투자를 촉진시켜 다시 소득증가를 가져왔다. 전형적인 경제의 선순환이었다.

하나의 산업만 보면 | 전체적인 관점에서 경제를 보면, 규모도 커지고 생활도 윤택해졌지만 하나의 산업만 놓고 보면, 사정은 전혀 다르다.

　농업을 예로 들어보자. 20세기 초 미국은 농업국가였다. 인구의 90%가 국가에서 필요로 하는 식량 생산에 매달렸다.

1930년 미국의 농부는 3천만 명이었고 그들은 나머지 1억 명의 자국민을 먹여살렸다. 그후로 70년 후인 2000년으로 가보자. 새로운 밀레니엄의 시작이었던 2000년, 과연 미국의 농부는 얼마나 될까? 놀랍게도 2억 7천만 명이나 되는 미국 국민과 전 세계 10억 명을 먹여살리는 데 겨우 30만 명 뿐이다. 단 70년 만에 과거의 1% 밖에 안 되는 농부들이 예전 생산량의 네 배를 생산한다니 정말 놀라운 일이다.

그럼 농사를 떠난 농부들과 그 자녀들은 어떻게 되었을까? 농부의 자녀들은 프로그래머, 엔지니어, 의사, 변호사 등이 되었고 이제 더이상 농부가 아니다. 왜 그래야만 했는가? 더이상 농사로는 안정된 생활도 어떤 기회나 돈벌이도 기대할 수 없었기 때문이다.

생산기술의 발달로 농업인구는 급감했고 그 인구는 산업 역군이 되었다. 여기서 중요한 점은, 새로 태어난 산업 영역이 농업에서 발생한 잉여인력을 흡수해준 것이다. 만약 그때 다른 산업이 나타나지 않았다면, 어떻게 되었을까? 일자리를 빼앗긴 사람들이 가만히 있었을까?

사실, 산업혁명 초기, 기계에 일자리를 빼앗긴 노동자들이 기계를 파괴하는 운동을 벌인 적도 있었다. 그 대표적인 것이 러다이트(luddite) 운동으로 1811년 말, 영국의 수공업자들은 자신의 일자리를 빼앗은 섬유기계를 부수기도 했다.

생산수단이 기계로 대체되면 노동자는 일자리를 잃게 된
다. 지금도 기업 단위로 살펴보면, 사무자동화 탓에 인력은
계속 줄고 있다.

대한민국 상장사들이 창출한 이익 중 삼성전자, 현대차,
한국전력, SK텔레콤, 포스코 등 상위 10개 기업이 차지하는
비중은 65.4%(2015년 1분기 기준)에 달하지만 이 10개사의
종업원 수는 오히려 줄었다. 그럼에도 지난 60년 간의 폭발
적인 산업팽창 과정에서는 신산업이 끊임없이 나와 주었기
때문에 항상 새로운 고용창출이 이루어져 잉여인력을 흡수할
수 있었다.

전후 발생할 수도 있는 디플레이션을 흡수할 만큼 대단했
던 산업 팽창을 기반으로 금융과 같은 파생산업도 번성할 수
있었다. 그 과정에 적절한 인플레이션이 겹치면서 사람들은
더 나은 미래를 꿈꾸며 일했고 그 희망을 통해 정치적으로 안
정되었기 때문에 민주주의도 발전할 수 있었다.

끊임없이 나와준 신산업의 기회 덕분에 누구에게나 잘살
수 있는 기회가 평등하게 주어졌고 심지어 미국은 '기회의
나라'로 인식되기도 했다. 다시 말하지만 이 모든 것의 원동
력은 과학기술의 발달에 힘입은 눈부신 산업발전이었다.

디플레이션 | 2003년 세계는 물가, 소비, 고용, 성장 등 모든 경제지표가 제자리인 디플레이션에 빠졌었다. 물가가 하락하면 기업들은 떨어진 물건값을 보상받기 위해 구조조정을 시도한다. 정리해고가 늘고 임금이 삭감되면 가계는 쪼들리게 되고 소비를 줄이려 한다. 이런 소비위축은 다시 물가하락으로 이어져 디플레이션이 생기는 것이다. 2차대전 후 나타난 선순환과는 완전히 반대 상황인 것이다.

극단적인 디플레이션의 예가 바로 1929년의 대공황이다. 1929년의 상황처럼 공급이 수요를 초과한 잉여생산물은 골치거리로 떠오르게 된다. 언제까지나 계속될 것 같았던 산업성장이 멈추고 있다는 신호가 세계 여기저기서 나타나고 있다. 디플레이션에 가장 큰 타격을 받는 업종은 금융업이다. 산업팽창의 열매를 먹고 사는 은행은 디플레이션 아래에서는 생존할 방법이 없다.

일본의 5대 은행 중 하나인 리소나의 구제금융 사태도 그 배후에는 일본경제를 끈질기게 괴롭히는 디플레이션 악몽이 있다. 리소나의 대출금은 비용절감에 나선 기업과 소득감소로 생계가 어려운 가계에 대한 대출이 대부분이어서 쉽게 부실채권으로 변했다. 이렇게 쌓인 일본 전체 금융권의 부실채권 규모는 무려 43조 원에 이르렀다. 약소국의 웬만한 한해 소득과 맞먹는 규모로 분명히 국가적으로 큰 손실이었다. 문제는 디플레이션 피해가 일본에만 국한되지 않는다는 것이다.

유로권 최대경제국인 독일의 인플레이션도 이미 1% 미만이며 고실업과 설비가동률 하락으로 독일 은행들의 어려움은 가중되고 있다.

제로에 가까운 인플레이션 뿐만 아니라 계속되는 저성장, 국채수익률의 하락, 침체된 주식시장 등을 고려하면 현재 독일경제는 본격적인 침체기에 진입했던 1990년대 초의 일본과 매우 흡사하다. 독일의 어깨를 짓누르는 또 하나의 원인으로 미국이 지목되고 있다. 미국 역시 디플레이션 위험에 노출되어 있지만 달러화 약세 정책을 통해 자국상품의 경쟁력을 유지하고 그 반대 급부로 유럽에 디플레이션이 수출되고 있기 때문이다.

앞서 2장에서 부란 타인에 대한 계약적 지배를 통해 이루어진다고 했다. 국가차원에서도 부국이란 다른 국가들에 대한 상대적 개념이고 합법적인 방법을 통해 다른 나라들을 계약적으로 많이 지배할수록 부국이 되는 것이다. 예전에는 무력으로 식민지를 만들어 국부를 축적했지만 지금은 계약적 지배를 통해 경제식민지를 확보하고 있는 것이다. 그런 차원에서 미국의 달러화 약세 정책은 충분히 이해가 간다. 과잉생산으로 누군가 손해를 봐야 하는 상황이라면 환율정책을 통해서라도 자국의 이익만큼은 확실히 보호하는 것이 국제사회의 생리이니 말이다.

문제는 이것이 독일과 미국 간의 싸움에서 끝나는 것이 아니라 세계경제의 미국시장 의존도가 상대적으로 높은 만큼 미국의 달러화 약세 정책에 의해 전 세계가 디플레이션의 위기에 노출된다는 점이다. IMF는 독일 뿐만 아니라 대만과 홍콩도 디플레이션의 위험에 노출되어 있다고 경고했다.

일본을 보면 뭐가 보이나 ｜ 한때 대한민국에서는 일본을 따라하자는 유행이 일었다. 한국은 일본보다 15년 정도 처져 있고 그 발전 방향이 일본의 전철을 쫓는다는 이유에서 "일본을 보면 돈이 보인다."라는 책이 나올 정도였다. 실제로 일본을 벤치마킹(bench marking)해 성공한 사례도 많다. 연예인 주병진 씨가 처음 개척한 고급내의 시장도 그 예다. 이처럼 열심히 일본을 연구하고 모방하던 유행도 일본이 장기침체에 들어선 후로 흔적도 없이 사라졌다.

대한민국 경제가 일본을 그대로 쫓아가고 있다면 곧 디플레이션에 의한 장기불황에 시달릴텐데 왜 아무도 막지 않을까? 괴로운 모습은 보기도, 듣기도 싫은 걸까? 타조가 모래 속에 자신의 머리를 아무리 쳐박아도 위험은 사라지지 않듯이 아무리 외면하고 피해도 디플레이션은 현실로 다가오고 있다.

일본의 경우를 자세히 살펴보자. 1980년대 일본은 정말 잘나갔다. 일본 제품은 전 세계를 누비고 연간 무역수지 흑자규모는 1천억 달러를 넘고 엔화는 초강세를 보였다. 전 대장성(大藏省) 차관, 사카키바라 에이스케(木神原英資)가 '이제 NO라고 말할 수 있는 일본'이란 책까지 쓸 정도였다. 두 차례의 세계대전을 치르고 특히 두 번째는 미국과 전면전을 벌인 나라답게 당당한 자세로 미 본토를 다시 쳐들어갔다. 이번에는 폭탄이 아닌 돈으로 무장했다는 점만 달랐다. 뉴욕 한복판의 엠파이어 스테이트 빌딩을 사들이고 꿈의 산업인 헐리우드 영화사도 매입했다.

그런 일본이 1990년대 들면서 그 기세가 차츰 꺾이더니 지금까지 불황에 허덕이고 있다. 현재 일본이 겪는 장기불황은 1929년의 대공황 이후, 진보를 거듭해온 세계경제 최대의 악재로 평가되고 있다. 일본의 실업률과 국채 부담은 두 배씩 뛰어올랐고 재정 시스템은 갈수록 약화되고 있다. 일본경제의 침체 원인으로는 여러 가지가 있겠지만 주로 거론되는 원인들을 살펴보자.

첫째, 오버 뱅킹(over banking; 은행이 지나치게 많은 현상) 때문에 수많은 민간은행들이 적자에 시달리고 국영은행 위주의 정책은 은행업계 전반에 기강해이를 초래했다.

둘째, 수요가 줄고 민간부문의 부채 부담이 가중되는 시기에 금융과 재정을 지나치게 긴축했다.

셋째, 자민당의 텃밭인 농촌을 의식한, 터무니없는 이중곡가제를 실시했다.

넷째, 자민당과 정경유착 관계에 있던 건설업계와 교통업계를 지원하기 위해 무리한 도로건설을 강행하다 재정적자가 누적되었다.

다섯째, 일본 국민들의 정치경제적 수동성이다. 경제위기를 초래한 정치인을 재선시키고도 단지 더 절약하기만 하면 된다고 잘못 생각했다.

여섯째, 부동산 거품이다.

일곱 번째, 일본사회 전반에 만연된 탈력(脫力)현상 (물질적으로 너무 풍요롭게 자란 젊은세대들이 뭔가 열심히 하려는 동기를 찾지 못한 채 하루하루 살아가는 현상)이다.

이처럼 사람들이 말하는 원인에는 여러 가지가 있지만 이 모든 것은 겉으로 드러나는 현상을 분석한 것일 뿐, 근본 원인은 파악하지 못하고 있다. 승승장구하던 일본의 한계는 무엇일까? 그리고 그 한계는 과연 일본만의 것일까?

최근 대한민국 경제 역시 심상치 않다. 과거에는 경험하지 못한 것이다. 지난 1972년부터 2001년 8월까지 우리나라는 7차례의 경기순환을 거쳤다. 순환 주기는 평균 53개월이었다. 상승국면이 평균 34개월이었고 하강국면이 19개월이었다. 그런데 이번에는 좀 다르다. 외환위기 이후 가장 경기가 나빴던 2001년 8월부터 경기가 차츰 회복되기 시작하여 2007년 국민 총소득 2만달러를 달성했으나 2009년 1만 7천 달러로 하락, 2010년 2만 달러를 다시 회복, 그러나 2011년 유로존과 미국의 위기속에 경기침체가 장기국면에 들어선 안타까운 상황속에서 우리나라의 경제도 좋아질 기미 보다는 경제성장이 둔화되고 있다. 소득의 양극화는 더욱 심화되고 빈곤층으로 전락하는 중산층의 몰락은 암울한 사회를 만들고 있다. 몇 개월 후의 경기전망을 보여주는 선행지수도 연속 떨어지고 있다. 정부, 한국은행, 국책연구소, 민간연구소들은 이미 2016년도 경제성장률 전망치를 대폭 하향조정했다. 또한 대기업들은 경기침체를 우려해 투자를 축소하고 현금을 비축하는 등 대비를 서두르고 있다.경제주체들이 더 움츠러 들까봐 "조만간 경기가 회복될 가능성이 있다."라는 '립 서비스'로 일관하고 있는 실정이다.

과학기술의 포화 ㅣ 일본을 비롯한 전 세계 디플

레이션의 가장 근본적인 원인은 바로 과학기술의 포화
(saturation)다. 더이상 과학기술이 발전하지 못하기 때문에
산업발달이 정체되고 신산업이 출현하지 못하고 있기 때문에
기업은 신규투자를 하지 않는 것이다. 기업은 돈이 별로 필요
없기 때문에 금리는 제로로 떨어지고 금융업은 가계대출로
방향을 바꿨다가 부실채권을 양산한 것이다. 업무자동화를
통해 인간의 역할은 계속 기계로 대체되는데 잉여인력을 흡
수해줄 신산업이 나오지 못하고 있기 때문에 실업률까지 높
아지는 것이다.

2011년 부터 세계 도처에서 일어나는 모든 경제현상의 근
원에는 과학기술의 포화가 있다. 현대인들의 마음 깊은 곳에
는 과학기술이 무한히 발전하리라는 믿음이 깔려 있다. 하지
만 냉정히 생각하면 지난 200년 간의 산업혁명 덕분에 그런
믿음이 생긴 것이지, 인류 역사상 기술이 항상 발전한 것은 아
니다. 구석기, 신석기, 청동기, 철기시대로 구분되는 인류 고
대사도 조금만 자세히 들여다보면, 도구가 발달과정에 있던
기간보다 이미 발달한 도구를 그대로 사용했던 기간이 더 길
다. 구석기에서 신석기로 도구의 발전이 이루어진 시간보다는
신석기를 그대로 사용한 기간이 더 길었고 신석기에서 청동기
로 도구가 개선되었던 시간보다는 청동기를 그대로 사용한 기
간이 더 길었다. 운좋게도 우리는 도구가 폭발적으로 발전하
던 시기에 태어나 이 시대를 살아가고 있지만 결국 도구의 발

전은 멈추고 모든 것이 정체된 상태에서 살아갈 것이다.

　자동차를 한 번 살펴보자. 지난 100년 간 자동차는 꾸준히 발전해왔다. 현재의 자동차와 비교해보면, 격세지감이다. 초기의 자동차에는 에어컨은 고사하고 히터조차 없었다는 사실을 알고 있는가? 엔진에서 나오는 폐열을 라디에이터를 통해 밖으로 배출하면서도 그 열을 난방으로 활용할 생각은 못하고 따로 석유 버너를 태우던 시절이 있었다. 그후 발전을 거듭해 지금처럼 안락하고 성능 좋고 연비 좋은 자동차가 나왔지만 앞으로도 100년 동안 계속 발전할 수 있을지는 상당히 회의적이다.

　대한민국 자동차는 세계최고 자동차인 벤츠와 비교했을 때, 기술적으로는 별 차이가 없다. 그것은 대한민국의 자동차 생산기술의 발전속도가 빨라서가 아니라 세계최고인 벤츠의 기술이 이미 완벽해 더이상 발전 여지가 없기 때문이다. 벤츠의 자동차 기술은 제자리인데 대한민국의 자동차 기술이 계속 달려가 이제는 거의 대등한 위치에 서게 된 것이다.

　더 쉬운 예로 자전거를 들어보자. 자동차와 마찬가지로 기계장치이면서 인간의 이동수단으로 쓰인다. 차이점이라면 구성이 간단하고 외부 동력이 없다는 것 정도다. 적어도 지난 10년 간 자전거는 조금도 발전하지 못했다. 그 이유가 뭐라 생각하는가? 이유는 단 하나, 자전거는 이미 '완성'되었기 때문이다. 자전거도 초기에는 여러 가지 변형이 있었지만 시간이 지나면서 사람들이 타기 쉽고 튼튼하고 생산하기 편한 쪽으로 진화되어 왔다. 그 진화 과정이 이제는 포화되어 추가적인 변형은 오히려 상품가치를 떨어뜨리기 때문에 더이상 발전이 없는 것이다.

바닷가에 수많은 조약돌이 있다. 그 조약돌을 매일 하나씩 뒤집는다고 해보자. 언제 다 뒤집나 하겠지만 조약돌 수는 분명히 한계가 있다. 하나씩 뒤집다보면 어느덧 다 뒤집는 순간이 올 것이다. 그리고 그 순간이 바로 지금이다.

15~16세기 온 유럽인을 열광시킨 신대륙 탐험도 이미 지구상의 모든 대륙이 발견된 지금은 끝이 났고 1849년 약 8만 명이 금광을 찾아 캘리포니아로 몰려든 골드러시도 더이상 금이 나오지 않는 지금, 역사속의 해프닝으로 남아 있을 뿐이다. 떨어지는 사과를 보고 영감을 얻어 시작된 뉴턴 물리학도 모든 것이 완성된 후에는 물리학자의 영역이 아닌 고교 교과 과정으로 활용되고 있다. 쉽게 말해, 100점을 받고나면 더이상 올라갈 곳이 없는 것과 같다.

과학에는 이처럼 뚜렷한 한계가 존재한다. 왜냐하면 과학은 '정답'을 찾는 학문이기 때문이다. 무한해 보이고 또 무한하길 바라지만 실제로는 정답을 모두 찾고나면 더이상 새것을 만들 수 없는 포화점이 존재한다.

    지난 200년 간의 산업혁명의 본질은 한마디로 에너지원 활용법의 발전이다. 그리고 그 에너지원의 내막을 들여다보면 화석연료와 원자력 두 가지뿐이라는 사실은 꽤 충격적이다. 수력이나 풍력 발전도 있지만 항상 일정 공급량의 보장이

표3-1 에너지 활용

에너지원	물리적 형태	에너지 형태	응용 부류	실제 응용
화석연료	석탄	열	난방, 증기기관	연탄, 조개탄, 증기기관차
	원유	열	난방, 발전	보일러, 화력발전소
		폭발력	내연기관	자동차, 오토바이, 산업용 발전기
	천연가스	열	난방	보일러
원자력	전기	동력	모터	엘리베이터, 에스컬레이터, 지하철
		전력	조명, 난방	전구, 가로등, 전열기
		통신	전자기 유도 디지털 신호처리	무선통신, 전화, 음향기기, 컴퓨터, 인터넷
	방사성 물질	열	발전	원자력 발전소
		폭발력	무기	원자폭탄

어렵고 전체적으로 기여도가 낮으므로 빼고 생각하자. 전기는 워낙 특별하고 편리한 에너지원이라 따로 생각해도 되지만 사실 그 에너지원 역시 화석연료나 원자력이므로 소분류로 들어갔다.

넓고 복잡한 산업 분야도 따지고 보면 화석연료와 원자력의 응용법으로 모든 것을 표현할 수 있다. 이게 전부다. 모든 신제품 제작을 가능하게 해준 에너지원을 추적해보면, 위 표의 어느 한 부분에 포함된다는 것을 알 수 있다. 슬픈 사실은 이런 에너지원의 응용법도 이제는 정답을 모두 찾았고 새로운 분야에 대한 아이디어가 바닥나고 있다는 사실이다. 더이상 안 뒤집어본 돌이 없는 것이다.

1997년 이후 | 세계적인 비디오 예술가 백남준 씨는 "더이상 살 것이 없다."라는 말로 산업자본주의의 포화상태를 지적했다. 대한민국에서는 인터넷과 휴대폰이 출시된 1997년부터 신산업이 출현하지 못하고 있다. 2차대전 후 신상품이 계속 쏟아져나온 지난 60년을 되돌아볼 때, 최근 수년 동안 새로운 산업이 출현하지 않았다는 사실은 매우 이례적이다. 실제로 요즘 뉴스는 체감경기 최저치, 도소매 판매증가율 최악, 중소제조업 가동률 최저 등 부정적인 내용들로 도

배되고 있다. 각종 실물경제 지표들은 온통 빨간불이다.

한국개발연구원(KDI)이 내놓은 '경제동향'을 보면, 현재 경기국면은 생산과 소비, 투자와 고용 등 각종 경기지표가 부진을 면치 못하고 있는 가운데 수출 증가세마저 둔화되고 있는 추세다. 소비 및 투자 부진으로 재고증가율은 꾸준히 높아지고 있다. 한국은행이 발표한 8월 기업경기 실사지수(BSI)는 68로 2009년 8월 이후 최저치를 기록하는 등 체감경기 역시 악화되고 있다. 대중소비가 부진해지면서 기업생산과 투자위축을 불러오는 악순환의 고리에서 벗어나지 못하고 있는 것이다.

물론 이런 통계치만으로 산업발달이 끝난 시점이라 하기에는 무리가 있다. 단지 몇년의 결과를 놓고 미래를 예견한다는 것은 다소 위험한 발상이다. 정확한 평가는 역사가 내릴 것이다. 하지만 한 가지 위험요소가 더 있다. 사람들이 게을러지고 무능해지고 있다는 것이다.

미국의 저명한 역사학자 겸 사회비평가인 모리스 버만(Morris Berman)은 자신의 저서 '미국 문화의 몰락(The Twilight of American Culture,)'에서 전체 미국 국민의 지적수준이 예전보다 떨어져 미국인 42%가 세계지도에서 일본을 못 찾아내고 15%가 자기나라를 찾지 못한다고 했다. 또 58% 이상이 신문사설을 이해하지 못하고 과학 과목에서 A학점을 받은 학생들이 3의 제곱을 27이라고 답하고 물의 끓는 점을 섭씨 46도라고 답하고 있다. 40%가 2차대전 당시 미국과 독일이 적대관계에 있었음을 모른다. 최고지성을 상징하는 대학은 이제 학위의 자판기가 되어 가고 있다.

이처럼 풍요로운 물질문명 속에서 성장한 미국과 일본의 젊은이들 사이에서 진행되고 있는 탈력(脫力) 현상을 볼 때, 너무나 편한 나머지 더이상 신상품의 필요성을 못느끼는 상황까지 왔다고 판단된다. 과학이 새롭게 개척할 수 있는 영역이 갈수록 좁아져만 가는데 이 사회를 살아가는 사람들의 마음 속에 절박한 필요성(needs)이 점점 사라져간다면 앞으로 혁신적인 신산업이 출현할 가능성은 더 희박해질 것이다.

산업발달은 끝났다. 과학기술의 포화로 이제 더이상 신산업은 출현하지 않고 있으며 시장에 나오는 제품은 비슷비슷하다. 당연히 경쟁은 심해지고 수익성은 떨어진다. 이제 사회는 정체되고 물건은 넘쳐나는 디플레이션 시대가 되었다.

디플레이션 시대를 맞는 한 개인으로서 절대 간과해서 안될 점은 바로 사회구조가 경직되면서 자신의 경제적 지위를 개선할 기회가 없어진다는 것이다. 부자는 더 큰 부자가 되고

가난한 사람은 더욱 가난해지는 부익부 빈익빈 현상은 심화
될 것이고 두 계층 간의 골은 더욱 깊어질 것이다.

제 2 부

미래

비관주의자는
모든 기회에서 어려움을 보고
낙천주의자는
모든 어려움에서 기회를 본다.

- 윈스턴 처칠 -

未來

4장

신분제 사회

생산수단 ┃ 앞에서도 이야기했듯이 원래 무계급 사회로 시작했던 원시공동체 사회는 농경이 시작되고 개인소유가 진전됨에 따라 붕괴되었다. 일정한 단계에 이르자 구성원 각자가 먹고도 남을 만큼 잉여생산물이 형성되었고 이를 관리하는 사람들이 나타나 생산자를 지배하거나 공동체 간의 전쟁에서 승리한 부족이 패배한 부족을 노예로 부리기도 했다. 그 결과, 사회는 생산수단을 소유한 집단과 노동력을 제공하는 집단으로 나뉘게 되었다. 이것을 계급이라고 한다.

구체적인 계급의 내용은 생산수단의 발달과 함께 변화해 왔다. 예를 들면, 인력(人力)이 주요 생산수단이었던 고대에는 노예주와 노예가, 그리고 토지가 주요 생산수단이었던 중세에는 영주와 농노가, 그리고 자본이 주요 생산수단인 근대에는 자본가와 노동자가 기본계급으로 나타났다.

이처럼 생산수단의 보유 여부에 의해서만 규정되던 유동적 의미의 계급이 법적, 사회적으로 굳어진 결과가 바로 신분이다. 계급이 발생한 초기에는 생산수단의 독점이 이루어지지 않았기 때문에 계급 간의 이동이 자유로웠다. 그러나 시간이 흐르면서 생산수단을 가진 사람은 그것을 기반으로 더 많은 생산수단을 확보하게 되었고 생산수단을 못가진 자는 계속 제자리였다.

부자들의 독점으로 가난한 사람이 차지할 수 있는 생산수단이 점점 사라져가면서 가난한 사람이 부자가 될 수 있는 기회도 함께 사라져갔다. 부자들은 점차 생산자 대중을 안정적으로 지배하기 위한 여러 제도와 이데올로기를 만들어 국가의 모습을 갖춰갔으며 이 과정에서 계급의 차이는 제도적으로도 고정되어 신분제가 나타났다. 신분은 법적으로 규정된 특권과 차별대우가 대대로 세습되는 폐쇄적인 집단을 뜻하게 되었고 신분제는 사회제도로 정착되었다.

역사 속의 신분제 사회 ㅣ 유럽의 경우를 보

자. 10세기 경까지 유럽 봉건사회는 상당히 유동적이었지만

도시나 촌락의 발달과 함께 점차 신분제가 정착되어 갔다. 12세기 말부터 18세기 말까지 약 600년 동안의 유럽사회는 신분제 사회라고 볼 수 있다. 유럽의 신분제는 크게 성직자, 귀족, 시민, 농민의 네 가지로 나뉜다. 각 신분에는 독자적인 권리와 명예가 결부되었고 시간이 흐르면서 절대불변의 특권 시스템으로 변질되어 갔다.

인도에는 그 유명한 카스트(caste) 제도가 있다. 카스트는 크게 네 개의 신분이 있다. 브라만(승려), 크샤트리아(귀족 또는 무사), 바이샤(평민 또는 상인), 수드라(수공업자 또는 노동자)가 그것이다. 하지만 인도에는 이외에도 3천여 가지의 카스트와 2천 5백여 가지의 하부 카스트가 있다. 이 카스트들의 구성원은 수백 명에서 100만 명에 이르기까지 다양하다. 가장 불결한 직업의 사람들은 수드라 밑에 '불가촉 천민(不可觸 賤民)'으로 분류되었다.

무저항의 성인 간디는 이들을 '하리잔(신의 아들)'이라 이름짓고 사회적으로 해방시키기 위해 힘썼다. 현재 많은 카스트 개혁운동이 일고 있고 '불가촉 천민'에 대한 박해가 법으로 금지되었지만 아직도 카스트 제도는 인도의 강력한 정치적, 사회적 구조로 남아 있어 인도의 부자는 도시궁궐에서 살고 가난한 사람은 상·하수도 시설도 없는 도시외곽의 움막에서 살고 있다.

한반도에서는 4~6세기 경에 철제 농기구가 보급되고 우경(牛耕)이 보편화되고 수리시설이 축조, 정비되면서 농업생산력이 향상되었다. 발달된 농업생산력을 바탕으로 잉여생산물이 나타나자 원시공동체 사회는 무너졌다. 신라에서는 우리가 잘 아는 골품제(骨品制)가 생겨나 지배층의 기득권을 보장하는 수단으로 이용되었다. 골품에 따라 관직, 집, 옷, 그릇, 수레 등 일상생활에서 여러 차등이 명확히 규정되었다. 골품 간의 이동도 불가능했다. 이 시기에 천민층은 대부분 노비였다. 신분 세습, 전쟁포로, 형벌, 채무, 빈곤으로 인한 인신매매 등으로 노비가 되었다. 노비는 재산으로서 매매와 상속, 증여의 대상이었으며 인격은 부인되었고 주인에게 노동력을 수탈 당하는, 말하는 소의 처지였다.

고려시대가 되자 지배층은 문무 양반으로 편제되었다. 그런데 중요 관직들은 소수 문벌귀족이 독점했으며 고위층 자제에게는 특권(음서제)을 부여해 관직 진출을 용이하게 해주었다. 양반 아래에는 양인이 있었다. 법적으로 양인은 과거를 통해 관료에 진출할 수 있었지만 사회경제적 제약 때문에 실질적으로는 유명무실했다. 천민층의 대부분은 노비였는데 국가가 주인인 공노비(公奴婢)와 개인이 주인인 사노비(私奴婢)로 구분되었고 거주 형태에 따라 솔거노비(率居奴婢)와 외거노비(外居奴婢)로 나뉘었다. 주인집에서 떨어져나와 거주하면서 어느 정도 사유재산을 소유할 수 있었던 외거노비 중에는 개인적인 부를 쌓는 경우도 있었다. 그러나 실질적인 차별은 여전했고 신분상승의 기회는 전혀 없었다. 생산수단의 발달이 정체된 시기였으므로 정변으로 세워진 조선시대가 되어서도 신분제는 무너지지 않고 더 견고히 계승, 발전되어 갔다.

신분제 사회의 특징 ㅣ 이와 같은 신분사회의

특징으로 생산수단의 발달은 포화된 사회에서 나타난다. 우경을 통해 생산성이 증대되면서 농업이 발전하던 시기에는 모두에게 신분 상승의 기회가 있었다. 주인 없는 땅이 얼마든지 있었으므로 누구든지 일만 열심히 하면, 부를 쌓고 신분을 높일 수 있었다. 그러나 시간이 흐르면서 사람들이 땅의 중요성을 인식하게 되었고 모든 땅에는 주인이 생겨났다. 이 시기를 놓친 평범한 사람들에게는 이후 유산계급으로 편입될 기회가 거의 없었다고 보면 된다. 지금 같은 공업이나 상업의 발달이 미미한 데다 생산수단은 농업에만 국한되어 있었고 그 생산성도 한계가 뚜렷했기 때문에 굳이 신분제를 법적으로 강요하지 않더라도 자신의 신분을 바꿀 기회는 거의 없었다. 대부분의 땅이 양반 소유인데 소작으로 그날그날 먹고 사는 사람이 어찌 재산을 모아 땅을 사고 지배층으로 올라갈 수 있었겠는가.

소가 있어 소를 사고 소가 없어 소를 못 산다 | 농업혁명 초기 생산수단을 가진 자와 못 가진 자가 분리되는 과정을 살펴보자.

때는 A.D. 606년, 정수와 동식은 한마을에 사는 친구다. 대부분의 다른 사람들처럼 이들도 농사를 지어 먹고 산다. 주인 없는 땅이 널려 있었지만 한 사람의 힘으로 경작할 수 있는 면적에는 한계가 있어 각자 집주변 가까이서 먹고 살 만큼의 땅만 일구는 상황이었다.

"동식아!"

아침 댓바람부터 정수가 동식을 찾아왔다.

새벽부터 밭을 일구고 있던 동식은 웃음을 띠며 반가이 정수를 맞았다.

"정수구나! 어서 와라."

"야, 오늘도 열심이구만!"

나무 그늘에 앉은 정수는 이마에 흐르는 땀을 닦았다. 동식은 정수를 반갑게 맞이하기는 했지만 일이 바쁜지 계속 쭈그리고 앉아 손을 놀리고 있었다.

"아침부터 웬일이냐? 오늘 일 안해?"

"동식아! 네가 일구는 땅이 몇 평이지?"

뜬금없는 정수의 물음에 동식은 그제서야 자리에서 일어

나 허리를 펴며 대답했다.

"글쎄, 40평쯤 되겠지? 그런데 그건 왜?"

"내가 어제 읍내에 갔다왔는데 소로 밭을 일구면 힘도 안 들고 빠르다고 하더라. 장정 혼자 하는 것보다 네 배나 더 한대. 나랑 읍내에 나가 한번 알아보자."

"미친놈! 소같이 멍청한 동물이 밭일을 한다는 얘기는 생전 처음 듣는다."

"나도 처음엔 그렇게 생각했는데 소를 사서 농사를 지은 사람들 중 소출량이 늘어 부자가 된 사람이 꽤 많다고 하더라. 쟁기인지 뭔지를 소에 달고 하면 된다던데..."

"난 됐다. 보다시피 먹고 살기에도 바빠서 읍내에 나가 노닥거릴 시간이 없다. 게다가 빠듯한 살림에 소 같은 거 살 돈도 없고."

"야! 동식아, 나라고 다르겠냐? 나도 어렵긴 마찬가지다. 하지만 뭔가 하지 않으면 죽을 때까지 이렇게 살 게 뻔하잖아!"

"됐어! 아까도 말했지만 시간도 없고 돈도 없다. 나 바쁘니까 얘기 다했으면 가봐라!"

잠시 동식을 바라보던 정수는 설득을 단념하고 혼자 읍내로 나갔다.

읍내에 나간 정수는 소값과 편히 소로 농사 짓는 법을 자세히 알아봤다. 그리고 없는 살림이지만 가족의 동의 하에 조금만 더 고생하기로 하고 보릿고개 대비용 곡식을 모두 팔아 소 한 마리를 샀다.

소는 샀지만 당장 먹을 것이 모자라 배가 고팠다. 동식에게 곡식을 꾸고 싶었지만 그집 사정도 뻔했다. 하지만 소를 사용한 효과는 정말 뛰어났다. 예전에 이틀 걸리던 밭일을 반나절이면 마칠 수 있었다. 시간이 많아진 정수는 주변에 놀고 있던 땅을 조금씩 더 일구기 시작했다. 그러고도 시간이 남았다. 저녁때는 산에 올라 나무껍질을 뜯어다가 가족들과 끓여 먹으며 연명했다. 배고프고 힘든 시간이었지만 미래에 대한 희망으로 버텨나갔다.

가을이 되었다. 정수의 수확량은 평소의 네 배에 달했다. 가족들이 1년 먹을 양보다 훨씬 많아 나머지는 모두 읍내에 내다 팔았다. 전에는 만져보지 못한 돈이 들어왔다. 하지만 동식의 살림은 똑같았다. 재작년에도 겨우 먹고 살았고 작년에도 겨우 먹고 살았고 올해도 겨우 먹고 살 예정이다.

정수는 들어온 돈으로 소 한 마리를 더 샀고 그 소는 정수의 아내가 부렸다. 소를 이용해 전에는 여자로서 엄두도 못낸 일까지 할 수 있었다. 소 두 마리가 농사일을 하자 경작 가능한 면적이 더 늘어났다.

결단을 내리고 소를 산 정수는 소가 일을 해 생긴 여유로 또 다른 소를 살 수 있었다. 반면, 동식은 소를 사지 않았기 때문에 그 약간의 여유가 없어 평생 소를 살 수 없었다.

문제는 거기서 끝나지 않았다. 정수네 자손들은 정수가 물려준 여유를 기반으로 더 많은 땅을 소유하고 더 많은 곡식을 일구어 더 많은 여유를 만들 수 있었다. 동식의 손자들은 이대로 살아서는 안 되겠다고 느끼고 소를 사기로 결심했다. 그러나 손자들의 시대는 할아버지 시대와는 달랐다. 소를 사도 경작할 땅이 없었다. 경작 능력이 늘자 대부분의 쓸 만한 땅에는 임자가 생겼고 땅이 생산수단이라는 것을 모든 사람이 깨닫고 있었기 때문에 땅값이 비싸졌다. 정수와 동식의 시대에는 약간만 절약하면 지주가 될 기회가 있었지만 손자들 시대에 와서는 어림없는 소리였다. 이미 기회는 지나가고 뼈저린 후회만 남았다. 그저 먹고 사는 데만 만족했던 동식 때문에 동식의 자손들은 대대로 소작농의 운명으로 살았다.

이처럼 농업혁명 초기에 생겨난 작은 차이가 농업혁명이 끝나면서 신분제로 굳어졌다. 몇백 년에 걸쳐 형성된 신분사회의 경직성을 타파하고 사회구조를 다시 유연하게 만들 수 있었던 원동력은 바로 '산업혁명'이었다. 농업혁명 초기 모든 사람에게 부자가 될 기회가 주어졌던 것과 마찬가지로 산업혁명을 통해 산업이 팽창하던 지난 200년 동안 모든 사람에게 부자가 될 기회가 주어졌다. 산업혁명 때문에 토지 대신 화석연료라는 에너지원이 새로운 생산수단으로 자리잡았고 이 에너지원을 확보하는 데는 양반, 상놈 구분이 없었기 때문이다.

그러나 시간이 지나면서 농업혁명이 종말을 고했던 것처럼 산업혁명도 황혼기에 접어들고 있으며 생산수단을 가진 자와 못 가진 자가 완전히 분리되는 신분사회의 징조가 도처에서 나타나고 있다.

심화되는 빈부격차 | 21세기에 들면서 부익부 빈익빈 현상은 가속화되고 있다. 미국의 경우, 상위소득 1%가 전체 소득의 21%, 재산의 35.6%, 금융자산의 42.4%를 차지하고 있다. 극소수 상위1%가 직접적인 금융수익을 제공하는 금융자산의 거의 절반을 통제하고 있는 셈이다. 조금 범위를 넓혀 상위 20% 계층의 소득을 보면, 미국 전체 소득의 93% 수준이다. 하위 80%에게 돌아가는 부는 나머지 7%가 전부다.

　이런 빈부격차는 비단 미국에만 해당하지는 않는다. 전 세계 상위 1% 부자가 전체 부의 48%를 가지고 있다고 한다. 거의 전체 부의 절반을 가지고 있는 셈이다. 뿐만 아니라 상위 20%가 전 세계 부의 94%를 차지하고 있다. UN 국제노동기구(ILO)에 따르면, 지난 40년 간 빈부격차는 두 배 이상 커지고 세계인구의 절반에 가까운 30억 명은 하루 2달러 미만으로 생활하고 있으며 그중 10억 명은 1달러만으로 생존하고 있다고 한다.

　2016년 기준 전 세계 공식 실업자 수는 2억 명을 넘어섰으며 선진국의 3분의2, 신흥시장국의 절반은 고용 침체 현상을 격고 있다고 한다. 또한 주당 18시간 미만 일하는 반(半)실업자도 9억 3천만 명으로 증가했다.

　2016 세계은행 기본보고서에 따르면 전세계 15~29세 청년 3명 중 1명 이상이 제대로 된 일자리가 없으며 실업률이 성인 연령층보다 최대 4배정도 높다고 했다.

　선진국의 고용이 2008년 글로벌 금융위기 이전 수준으로 회복하는데 최소 수년~ 수십 년이 걸릴것이며 전 세계 국가 중 40%에서 사회불안이 증가할 것으로 예상했다.

　MIT의 경제학자인 폴 크루그만(Paul Krugmann)은 매년 심화되는 경제적 불균형 상태를 '지속적으로 확대되는 불평등의 악순환' 이라 불렀다. 대다수가 생계를 꾸려나가는 데 어려움을 겪는 반면, 선택받은 소수 부유층은 오히려 돈 벌기가 더 쉬워졌다고 했다.

대한민국의 빈부격차도 커지고 있다. 수치가 클수록 심한 소득 불균형을 나타내는 지니계수는 외환위기 전인 1997년 0.283에서 2014년 0.344로 빈부격차가 커지고 있으며 상위 10%가 하위 10%보다 10배 더 많은 소득을 가진다고 한다. 우리나라는 OECD 34개국 중 20위권을 차지하고 있는데 이와 같이 하위권을 차지하고 있는 만큼 빈부 격차가 심하다는 뜻이다.

세계적인 행동주의 철학자, 제러미 리프킨(Jeremy Rifkin)은 모든 산업 분야에서 자동화가 촉진되면서 전통적인 제조업이나 서비스업은 고용창출 여지가 점점 없어지고 있으며 신흥 정보지식 산업 역시 일부에게만 기회가 열려 있다고 주장한 바 있다. 결국 중산층이 몰락하고 부와 정보를 독점한 소수 엘리트와 빈곤자 간의 극단적인 대비를 이루리라는 전망이다.

현대의 신분 1: 부(富) | 예전 대한민국의 전통적인 부촌으로는 서울 성북동, 한남동, 평창동 정도가 있었다. 이 부촌들의 특징은 고립성과 폐쇄성이다. 이 동네 부자들에게 부(富)란 드러내서는 안될 가치였고 실제로도 가능한 표시나지 않게 생활했다. 1970년대가 되자 강남개발과 함께

압구정동에 신흥부촌이 들어섰다. 압구정동은 명동을 옮긴 듯한 상업지구를 중심으로 주변지역 주민들이 긴밀히 연결되면서 새로운 부유층의 소비문화를 만들어갔다.

1990년대에는 청담동이 새로운 부촌으로 떠올랐다. 압구정동의 번잡한 분위기와 차별화된 청담동은 세련된 고급 소비문화의 중심지가 되었다. '청담동' 이름 자체가 부를 상징하는 하나의 브랜드로 자리 잡으면서 예전에는 감춰야만 했던 부는 이제 마음놓고 드러내도 되는 가치로 바뀐 것이다.

시가 20억 원 이상의 고급주택과 빌라가 들어선 청담동 주택가에는 최고급 명품점이 즐비하다. 청담동에서는 모든 것이 패션이고 예술이다. 화랑(畵廊)하면 인사동이었지만 이제는 청담동이 고급문화의 메카로 자리잡았다. 그곳에 가면 이태리 유학 출신이 만드는 고급 수제화(手製靴) 살롱이 있다. 레스토랑이나 카페 식탁 위의 음식은 디스플레이 하는 '푸드 스타일리스트' 덕분에 조형예술로 변신한다.

대한민국에 명품이 출시되면 청담동에서 사람들을 불러 파티를 연다. '프랭크 뮬러'를 들어본 적이 있는가? 하나에 2천만 원 ~ 1억 원이나 나가는 최고급 손목시계다. 이 시계가 출시될 때, 300여 명의 미녀와 신사가 모인 판촉 파티가 청담동에서 열린 적이 있다. 입장은 무료이지만 당신은 들어갈 수 없다. 초청받은 일부 부유층만 들어갈 수 있는 '프라이빗 파티'였기 때문이다.

　　이동하 씨는 청담동 부자 중 한 명이다. 할아버지는 종로, 아버지는 서초동에서 살았다. 이 씨의 부의 시발점인 할아버지는 경기도 이천과 파주에 땅을 가졌던 대지주였다. 조선시대부터 대대로 물려받은 땅이다.

　　부잣집 아들이었던 이 씨의 아버지는 일본 유학을 다녀왔다. 귀국 후 사업을 시작해 월남전 특수와 건설경기를 타고 재산을 늘렸다. 1970년대 초, 강남개발 정보를 입수하고 서초동으로 집을 옮겼다.

　　이 씨는 연세대에 진학했다. 졸업 후 아버지의 뜻에 따라 미국에서 MBA 과정을 밟았다. 졸업 후 귀국해 출판사를 차렸지만 2년 만에 문을 닫았다. 잠시 국내상황을 파악한 후 1999년 체인점 사업을 시작해 이제는 안정권에 접어들었다. 두 차례 모두 사업자금은 아버지가 대주었다. 지금 사는 집은 청담동의 80평대 빌라다.

　　이 씨는 한 달에 한 차례씩 비슷한 수준의 부자들과 모여 실내악 파티를 연다. 자녀들 모두 악기를 다루기 때문에 몇 가족만 모이면 실내악단을 구성할 수도 있다. 이런 친교를 통해 자녀들은 자연스럽게 친구가 되고 나중에 혼맥이 생기기도 한다. 자녀들끼리는 고급 명품을 주고 받으며 문화적 동질성을 유지한다. 재산과 문화가 세습되는 것이다. 이 씨 같은 부자들은 정치에는 전혀 관심없다. 어떤 정권이 들어서든 부의 기득권은 침해되지 않으리라는 확신 때문이다.

현대의 신분 2: 가난 | 예전의 빈곤은 낭만일

수 있었지만 현대의 빈곤은 노력만으로는 극복하기 힘든 절망이자 고통이다. SERI경제포커스 발표에 의하면, 저소득층의 식료 주거비 비중은 36%로 고소득층의 19%보다 17%나 높았다. 소득은 줄어드는데 임대료는 계속 올라가다 보니 극빈층의 최후의 선택은 주거환경이 열악한 곳으로 옮기거나 빚을 내 현상유지를 하는 것뿐이다. 그러나 빚을 내 현상유지를 하더라도 원금과 이자를 갚기도 전에 임대료가 다시 올라 빚더미에 올라 앉는다. 결국 늘어난 빚을 안고 지하 셋방과 교외 비닐하우스촌 신세로 전락하고 만다.

재개발사업이나 주거환경 개선사업은 빈곤층을 오히려 더 나쁜 주거환경으로 내모는 주범이다. 소위 '달동네'로 불리는 저소득층 주거지역이 일단 개발지역으로 지정되면 투기꾼들이 몰려들어 집값과 땅값을 올려놓는다. 세입자들은 쫓겨날 수밖에 없고 설사 입주권을 받았다 하더라도 입주에 필요한 차액을 감당할 능력이 없어 이를 전매한 뒤 세입자로 전락한다. 그 결과 극빈층이 가질 수 있는 집은 비닐하우스 뿐이다. 서울에도 저소득층 밀집지역이 여러 군데 있다.

지금까지 극빈층의 유일한 빈곤 탈출구는 교육이었다. 없는 살림에 소 팔고 논 팔아 교육시킨 덕에 자식이 성공한 경우가 얼마 전까지는 많았다. 하지만 지금은 사정이 달라졌다. 교육에서도 부익부 빈익빈 현상이 나타나고 있는 것이다.

서울대 신입생 중 사교육 경험자 비율은 1971년 29.3%였으나 2015년 89%로 껑충 뛰었다. 이제 막노동 등으로 질병까지 얻은 극빈층에게 교육은 사치일 뿐이다. 저학력 – 막노동 – 질병 – 가난 – 자녀의 저학력이라는 빈곤의 굴레에서 벗어날 희망은 전혀 없다.

현충헌 씨는 봉천동에 산다. 할아버지는 전남 장흥, 아버지는 서울 남산 아래 판자집에 살았다. 지금 그는 7평짜리 월세 단칸방 신세다.

현충헌 씨의 할아버지는 소작농이었다. 일제때 할아버지는 40세가 되기도 전에 세상을 떠났다. 현 씨의 아버지는 해방 직후 중학교를 중퇴하고 무작정 상경해 서울역에서 지게꾼 생활을 했다. 술이 유일한 낙이었던 현 씨의 아버지는 간경화로 세상을 떠났다. 현 씨의 어머니는 시장바닥에 떨어진 배추를 주워와 시래기로 죽을 끓여 가족들을 먹였고 도시락을 싸줄 형편이 안 되어 현 씨는 학교에서 점심 대신 수돗물로 굶주린 배를 채우기 일쑤였다.

현 씨는 육성회비 2천 원이 없어 공고를 중퇴했다. 그후 얻은 첫 직업이 막노동이었는데 20여년이 지난 최근까지 그 일을 했다. 그나마 허리병이 생겨 3년 전부터는 그 일마저 하지 못하고 있다. 생계는 파출부인 아내가 꾸린다. 어릴 때 매일 술만 마시는 아버지를 원망했던 현 씨 역시 지금

견고한 시스템 | 일반적으로 부잣집 아이들은 버릇이 없다고 한다. TV 드라마나 영화에서는 망나니로까지 묘사되기도 한다. "3대 가는 부자 없다."라는 말도 있지만 의외로 상당수 부자들은 자식들을 엄히 교육시키고 있다. "예의 바르고 품위 있게 키워야 한다."라는 것이 부자들의 생각이다. 아이들이 실제로 어떤 사람으로 성장하는지는 부모 의지와는 상관 없겠지만 부모가 그런 강한 의지가 있고 물질적으로 지원해주는 만큼 부잣집 아이들이 훌륭하게 성장할 가능성은 매우 높다.

부자들은 자녀를 사립학교에 보내 부잣집 출신의 평생친구를 만들어준다. 중학교와 고등학교 때도 마찬가지다. 부잣집 아이끼리 과외친구가 되고 그 인연은 평생 이어진다. 부모의 든든한 후원 속에 부잣집 아이들의 명문대 진학률은 점점 높아지고 있다. 가난한 집 아이보다 훨씬 앞서 인생 마라톤을 출발하는 셈이다. 사회에 나와서는 어릴때부터 형성된 인맥을 바탕으로 서로 끌어주고 밀어준다.

　예전에는 거액을 상속받은 아들이 주색(酒色)에 빠져 가산을 탕진하는 경우도 많았지만 요즘의 부자들은 자식 주변에 견고한 시스템을 만들어 자식대에 가서도 재산이 줄지 않도록 만들어 놓는다. 탄탄한 교육, 부자친구 인맥, 전문 관리인의 고용 등이 그런 시스템의 구성요소다. 이제 부자와 가난한 자 사이에는 절대로 건널 수 없는 골이 생기고 있는 것이다.

　얼마 전 TV에서는 고액세금 체납자들을 쫓아다니며 그들의 치부를 드러내는 프로그램이 인기였다. 그런 프로그램을 보며 많은 사람들은 '부자=나쁜 놈' 이라는 착각에 빠져 위안을 얻기도 한다. 그러나 일부 몰지각한 부자의 모습을 보여줘 가난한 사람들의 상대적 박탈감을 조금이나마 해소해 보려는 정치적 아편일 뿐 실제로는 정직하고 훌륭한 부자가 훨씬 더 많다. 그들은 남다른 결단과 노력으로 합법적으로 부자가 된 사람들이다. 흠잡을 구석이라곤 전혀 없다. 그리고 높은 수준의 교육과 훌륭한 네트워크로 지식과 정보를 독점해 부를 대대로 이어갈 것이다.

　빈부격차는 점점 심해져 신분제로 굳어지고 있다. 당신은 신분제 사회에서 이길 대책이 있는가? 지금처럼 앞으로 20년 동안 열심히 노력만 하면 상위 13%에 들 수 있겠는가? 혹시 부자들의 치부만 보며 '나쁜 놈' 이라고 욕만 하고 있다면 먼 훗날 당신 후손들은 그런 당신을 원망할 것이다.

5장

고령화 사회

의학의 발전 | 요즘에는 암과 에이즈, 당뇨, 고혈압 등에 관심이 많지만 역사를 살펴보면 그것이 얼마나 사치스런 고민인지 알 수 있다. 천연두, 흑사병, 결핵 등 인류의 생명을 대량으로 앗아간 악성전염병은 차례차례 정복되어 왔기 때문이다.

지금까지 의학사에서 전염병을 줄이고 인간 수명을 늘리는 데 결정적인 역할을 한 세 가지 업적을 꼽는다면 위생, 백신, 항생제가 있다.

첫째, 위생을 살펴보자. 위생과 관련해 가장 단순하면서도 역사상 가장 많은 생명을 구한 방법으로는 안전한 정화수를 공급하는 수도시설이 있다. 수도시설이 정비되기 전에는 국민 5명 중 1명꼴로 장티푸스, 이질, 콜레라 등의 수인성 질병으로 사망했지만 정수된 수돗물이 공급된 후로 사망률은 제로로 떨어졌다.

위생 관련 질병 중에 흑사병이 있는데 중세 유럽을 공포의 도가니로 몰아 넣은 이 병의 치사율은 인구의 10~60%에 이를 정도로 대단했다. 중세 유럽인구의 30%인 약 2천 5백만 명이 흑사병으로 사망한 셈이다. 근대의 흑사병 기록을 보면, 1894년 중국 광둥(廣東)과 홍콩에서 8만~10만 명의 사망자가 발생했고 그후 20년 동안 중국 남부 항구를 통해 전 세계로 퍼져 나가 1천만 명이 사망했다. 이토록 무서운 흑사병도 위생과 주거환경의 개선으로 사라지게 되었다.

둘째, 전염병과의 전쟁에서 비용은 거의 안 들면서 큰 효과를 발휘한 백신이 있다. 1980년대 이전까지 세계에서 가장 두려워했던 법정 전염병 중에 천연두가 있었는데 천연두의 원인 바이러스(varida major)는 메마른 솜뭉치에서도 18개월 동안이나 살아있을 만큼 생명력이 강한, 공포의 대상이었다. 하지만 높은 치사율에 비해 에이즈 바이러스처럼 돌연변이를 일으키진 않았기 때문에 한 가지 백신만으로 완전박멸이 가능했다. 1967년 2백만 명이 천연두로 죽고 10년 후인 1977년 방글라데시와 소말리아의 천연두 접종을 끝으로 천연두 바이러스는 지구상에서 영원히 사라졌다. 인류의 압승이었다.

흔히 독감이라 부르는 인플루엔자도 생명을 대량으로 빼앗을 힘이 있다. 1918년 역사상 가장 피해가 커 지금까지의 질환 중 흑사병과 함께 가장 많은 인명을 앗아간 것으로 기록되어 있다. 몇 개월 사이 2천만 명이 죽었고 그 50배 이상이 앓았다. 인도에서만 1,250만 명이 목숨을 잃은 것으로 추산되며 미국에서는 사망률이 훨씬 낮았음에도 55만 명이 죽었다. 이후 인플루엔자의 창궐은 많이 약화되었으며 여기에는 예방 백신이 큰 역할을 했다.

셋째, 항생제가 있다. 주로 청년층의 목숨을 앗아갔던 결핵은 전 세계에 널리 퍼져 있으며 특히 인구가 밀집되고 위생이 불결한 곳에서는 아직도 주요 사망원인이 되고 있다. 결핵 피해를 줄이는 데는 백신(BCG)보다 항생제가 더 중요한 역할을 했다. 처음 백신이 나왔을 때, 결핵을 완전히 퇴치하리라는 기대를 모았지만 접종 후 20년이 지나면 효과가 떨어져 지금까지도 결핵은 사라지지 않고 있다.

결핵균(mycobacterium tuberculosis)은 돌연변이를 계속 일으키는 에이즈 바이러스 못지않게 독특한 생존법을 갖고 있는데 바로 휴면 상태(dormant state)에 들어가는 것이다. 쉽게 말해 휴면은 곰이 겨울잠을 자는 것으로 모든 생리활동이 정지하기 때문에 영양섭취 없이 오랜 기간을 살 수 있다. 이집트의 미이라에서 발견된 결핵균을 실험실에서 배양해 재감염시키는 데 성공했을 정도이니 그 끈질긴 생명력을 짐작할 수 있다. 이처럼 휴면 상태의 결핵균은 항생제도 흡수하지 않기 때문에 결핵 치료를 위해선 체내의 모든 결핵균이 휴면 상태에서 깨어나 활동할 때까지 6개월 이상 지속적인 항생제 투여가 필요하다. 기간이 길어 고통스럽지만 항생제 투여 요법의 결핵 완치율은 90%가 넘을 정도로 탁월하다.

근래 내성을 가진 결핵균이 출현해 사망률이 조금씩 증가하고 있지만 그래도 과거와 비교하면, 항생제 덕분에 수많은 목숨을 구할 수 있다.

평균수명의 연장 | 위에서 보듯이 의학의 발전

덕분에 평균수명은 많이 연장되었다. 스웨덴, 노르웨이, 덴마크, 미국, 일본을 비롯한 대부분의 선진국들은 이미 오래 전에 남자 78세, 여자 85세를 넘어섰으며 대한민국은 2015년 남자 78.5세, 여자 85.1세를 기록, 남 여 모두 선진국에 도달하고 있다.

표5-1 대한민국 국민의 평균수명 (자료 출처: 통계청)

연도	전체 (세)	남자 (세)	여자 (세)
1981년	66.2	62.3	70.5
1991년	71.7	67.7	75.9
2001년	76.5	72.8	80.0
2010년	80.4	77.0	83.8
2015년	81.0	78.5	85.1

UN에서는 65세 이상 노인 비율이 전체 인구의 7% 이상이면 고령화 사회, 14% 이상이면 고령 사회, 20% 이상이면 초고령 사회로 구분한다.

2000년 7월 1일 기준, 대한민국의 65세 이상 노령인구는 337만 1천 명으로 총인구 4,727만 5천 명의 7.1%를 차지해 이미 고령화 사회에 진입했다. 아울러 통계청은 오는 2019년에는 14.4%를 기록, 고령사회에 진입하고 2026년에는 20.0%로 초고령 사회에 도달할 것으로 전망했다. 대한민국이 고령사회에서 초고령 사회에 도달하는 기간은 7년으로 지금까지의 최단기간인 일본의 12년보다도 빠르다. 참고로 프랑스는 40년, 미국은 15년이 걸렸다.

이런 추세라면 2000년 생산가능 인구 10명이 노인 1명을 부양하던 것이 2030년에는 3명이 1명을 부양해야 할 정도로 차세대의 부담이 커진다. 특히 2050년이 되면 노인 인구는 34.4%로 세계 4위가 예상된다.

표5-2 대한민국의 65세 이상 노인인구 추이 (자료 출처: 통계청)

연도	65세 이상 인구 수	전체 인구 대비 %	비고
2000	3,390,000	7.2	고령화 사회
2010	5,300,000	10.7	고령화 사회
2019	7,310,000	14.4	고령 사회
2020	7,660,000	15.1	고령 사회
2026	10,110,000	20.0	초고령 사회

이 책을 읽고 있는 당신은 과연 몇 살까지 살 수 있을까? 현재 추세라면 평균 90세 가까이 살 것이다. 불과 백 년 전 사람들의 두 배 가까운 삶을 즐기게 되는 것이다.

미국 애머스트대학(Amherst College) 생물학과 교수인 폴 이발트(Paul W. Ewald)는 저서 '역병시대(Plague Time)'에서 현재 우리가 원인 모를 불치병으로 생각하는 각종 암(cancer)도 아직 발견되지 않은 바이러스나 세균에 의한 전염병일 가능성이 높다고 주장한다. 개인유전자에 따라 그 세균이나 바이러스에 대한 반응이 결정되므로 유전자가 중요한 역할을 하긴 하지만 각종 암의 '직접적인' 원인은 많은 사람의 생각처럼 유전자가 아니라 아직 우리가 모르는 병원체(pathogen)일 수 있다는 이야기다.

일례로 자궁경부암(Cervical Cancer)을 들 수 있다. 어린 나이에 성관계를 가지면 걸린다느니, 난잡한 관계를 가지면 걸린다느니, 유전이라느니 여러 가지 추측이 난무했지만 실제로 밝혀진 원인은 성관계를 통해 전염되는 인간 유두종(사마귀) 바이러스(Human Papilloma Virus)였다.

앞서 이야기한 결핵, 자궁경부암 등은 예전에는 원인불명의, 신의 뜻으로 받아들이던 병들이었다. 당시 이 병들을 전염병이라고 주장한 사람들은 모두 비웃음을 샀다. 마찬가지로 현재 인간을 괴롭히는 치매, 당뇨, 고혈압, 동맥경화 등도 특정 원인균에 의한 전염병이라고 주장하면 모든 사람이 비웃겠지만 그것은 사람들의 고정관념일 뿐, 실제로 전염병일 가능성이 높다고 이발트 교수는 주장한다.

만약 이발트 교수의 주장대로 상황이 전개된다면, 그 병들의 치료법도 발견될 것이고 평균수명은 더 늘어날 것이다. 치매, 당뇨, 고혈압, 동맥경화 등을 정복한다면, 아마도 인간은 100세를 훨씬 넘겨 살지도 모른다. 그러나 이런 삶의 연장은 축복이 될 수도 있지만 반대로 저주가 되어 자신과 자식들을 원망하며 꺼지지 않는 생명의 불꽃을 외로이 태우며 살게 될 수도 있다.

줄어드는 노동력 | 고령층은 그 이하 연령층에

대해 몇 가지 치명적인 계층상의 약점을 가진다. 그 중 생산력 상실이 가장 큰 문제인데 과거에는 자녀를 많이 낳아 한 부모를 부양할 자녀 수는 문제가 되지 않았다. 하지만 출산율이 급감한 지금은 오래 살아 행복을 느끼기에 앞서 노인인구를 부양할 산업인력의 부담이 상대적으로 매우 커진다는 사실을 명심해야 한다.

이런 고령층이 기대할 수 있는 것은 "과거에 나도 일했다."

라는 것인데 그것을 경제적 가치로 바꾼 것이 바로 연금이다. 하지만 이미 2장에서 밝혔듯이 돈이란 사람들 간에 맺은 약속일 뿐, 이 약속은 하루아침에 휴지조각이 될 수도 있다.

이처럼 가변적인 돈의 가치가 주는 환상에서 벗어나기 위해 '계약적 지배' 개념을 살펴보았는데 계약적 지배는 상호합의 하에 다른 사람을 한시적으로 지배하는 것을 말한다. 따라서 연금은 생산력 상실자들이 생산력 보유자들을 계약적으로 지배해 의·식·주 문제를 해결하는 제도적 장치라 볼 수 있다. 쉽게 말해, 일하는 사람이 일하지 않는 사람들을 먹여 살리는 것이다.

연금제가 성립되려면 무엇보다 일하는 인구수와 일하지 않는 인구수의 비율이 매우 중요하다. 즉, 연금이 빛을 발하려면 경제는 성장일변도를 달려야 하며 노동인구는 계속 증가하고 기업도 성장일변도에서 증가하는 노인 수만큼 신규고용 창출이 계속 일어나야 한다. 그러나 산업혁명이 황혼기에 접어든 지금 현실은 그렇지 않다. 경제성장은 둔화되었고 노동인구는 줄고 있으며 성장이 멈춘 기업들은 인수합병의 소용돌이에 휘말리고 있다.

미 사회보장제도국에서 1994년 기준 연금수혜자들을 조사한 결과, 45%는 자식이나 친인척의 도움에 의존하고 있고 30%는 자선단체의 도움을 받고 있고 23%는 먹고 살기 위해 계속 일하고 있으며 2%만이 다른 사람의 도움 없이 생활하고 있다고 한다.

이런 통계도 1994년 행복했던 시절의 이야기가 되어 가고 있다. 2015년 미국에서는 주식과 연금에 의지해 노후준비를 하던 노인들이 생활고를 못 이겨 다시 취업전선에 뛰어들고 있다고 한다. 10년 전 확실하다고 믿었던 방법이 이제 더이상 통하지 않는 시대가 온 것이다.

저축이든 주식투자든 연금이든 노후생활의 보장은 결국 자신의 노동력을 상실한 미래에 노동력을 가진 젊은이를 계약적으로 지배하겠다는 것인데 미래 노동력은 점차 줄고 있다. 출산율 감소에 의한 미래 노동력의 감소는 대한민국을 일할 사람은 없고 노인들만 득실대는 사회로 만드는 심각한 사회문제이다. 대한민국의 가임여성 1명이 평생 낳을 평균 자녀 수는 미혼율과 사회활동 증가에 힘입어 1970년 4.53명에서 2015년에는 1.20명으로 대폭 줄었다. 이는 선진국 평균인 1.65명 보다도 낮은 수치다.

젊은이 수는 줄고 있는데 평균수명은 늘어 2000년 세계 평균연령은 26.6세로 2020년 31.4세, 2030년 33.9세가 전망된다. 2015년 대한민국의 평균연령은 40.8세로 세계 평균인 29.6세에 비해 11.2세나 많은 상태다.

앞에서 말한 것처럼 노인 수는 늘고 있는데 일할 사람은 줄어드는 상황에서 당신 뿐만 아니라 수많은 사람이 모두 연금과 주식과 저축을 통해 미래의 노동력을 지배할 계획을 세우고 있다. 자연히 미래 노동력의 가격은 올라갈 것이고 웬만한 사람이 준비한 자금으로는 미래의 누군가를 지배한다는 것이 불가능한 상황이 올 것이다. 결국 그것도 경쟁이고 상대평가에 의해 서열이 매겨질 것이다.

규훈과 명희 ┃ 지금까지는 당신의 입장 즉, 미래의 노인 입장에서 살펴보았다. 하지만 앞으로 태어날 아이들 즉, 미래 노동력의 입장에서 앞으로 펼쳐질 사회를 생각해보자.

2050년 서울, 규훈은 지하철 문이 열리자마자 계단을 세 칸씩이나 뛰어 올라갔다. 약속시간에서 5분가량 지각이었다.

"헉헉…"

숨을 헐떡이며 압구정 지하철역 밖으로 나왔다. 명희는 잔잔한 꽃무늬 원피스를 입은 채 기다리고 있었다. 약간 마른 몸매였지만 풍만한 가슴 라인이 하늘하늘한 원피스 덕분에 더 잘 드러나 보였다.

"명희야, 미안!"

규훈은 숨이 차 제대로 말을 할 수 없었다.

"아, 오빠! 더운데 왜 뛰어오셨어요?"

명희는 항상 규훈의 마음을 편하게 해주었다.

"응, 빨리 보고 싶어서."

명희의 얼굴이 빨개졌다. 이럴 때는 "보고 싶어서."라고 말하면 된다고 연애박사인 세영이 가르쳐 주었다. 시킨 대로 했더니 효과는 역시 좋았다.

규훈과 명희는 전에 봐두었던 가구점으로 들어갔다.

"그런데 오빠, 저는 이렇게 비싼 화장대는 필요 없어요."

"아니, 화장대만큼은 예쁜 걸로 해주고 싶어서 그래."

"가구는 원래 여자 쪽에서 다 하는 건데."

"그냥 내 욕심이야. 예쁜 화장대 앞에서 명희가 그림처럼 화장하는 모습이 정말 보고 싶거든."

이 말도 연습해온 말이었다. 이상하게 명희를 만난 후부터는 모든 말을 조심하게 되었고 더 좋은 말이 없을까 미리 고민하게 되었다.

둘은 고풍스런 화장대로 계약했다. 결혼 준비는 거의 마무리 단계였다.

"규훈의 행복한 결혼을 위하여! 건배!"

"고맙다."

규훈과 세영은 쭉 들이키며 잔을 비웠다.

"규훈아! 진짜 축하한다. 지수 때문에 매일 술 먹고 정신 못 차리던 게 엊그제 같은데 어느새 명희 씨와 결혼할 날이 한 달 밖에 안 남았네."

"고맙다. 그런데 지수 얘기는 뭐하러 하냐?"

"야! 미안 미안. 옛날 생각 하다보니 나도 모르게 그만."

"내 평생 그렇게 이기적이고 함부로 말하는 여자는 처음 봤다."

"야! 그런데 명희 씨가 특별히 착한 거지, 세상에는 지수 같이 정신 못 차리는 여자가 대부분이야!"

"아무리 그래도 그렇지, 만날 때마다 싸우는 건 좀 심하지 않냐? 행복하려고 날 만나는 건지 싸움상대가 필요해서 날 만나는 건지 알 수가 없었다니까."

옛날여자를 생각하는 규훈의 미간에 깊은 주름이 생겼다.

"9회말 투아웃에 만루홈런 날렸으면 됐지 뭐. 명희 씨처럼 예쁘고 착하고 총명한 여자 있으면 나와보라 그래."

"희한하게도 지수 때문에 마음고생이 너무 심해서인지 명희를 볼 때, 여자로서의 섹시함보다는 자꾸 한 인간으로서 사랑하게 돼."

"하하! 그럼 지수한테 오히려 고마워 해야겠네. 규훈이를 한 단계 성숙시켜 줬으니 말야."

규훈은 자신과 명희 사이의 인간적 교감이 너무나 신기하고 소중했다. 어쩌면 지금 자신의 앞에 앉아 있는 세영보다 더 든든했다.

서로 극진히 존중하고 사랑하던 규훈과 명희는 드디어 결혼에 골인했고 신혼살림을 차렸다. 그리고 얼마 후 양가 아버지들이 실직을 하셨다. 2050년의 법정 정년은 50세였다. 연금 수령 연령은 75세였으므로 양가는 전혀 수입이 없는 상태였다. 이 당시 대부분의 젊은이들처럼 규훈은 외동아들이었고 명희는 무남독녀였다. 선택의 여지가 없었기에 규훈과 명희는 양가 부모님에게 생활비를 대기로 했다. 신혼단꿈에만 부풀어있던 두 사람에게 양가 부모님 생활비 부담은 너무 가혹한 것이었다. 돈을 버는 사람은 규훈 혼자 뿐인데 딸린 식구는 여섯 명이나 되었다.

1년쯤 지나자 아이가 태어났다. 둘째를 낳는다는 건 꿈도 못꿀 일이었다. 현실은 힘들었지만 아기의 재롱을 보면서 두 사람은 그나마 행복의 그림자라도 볼 수 있었다.

하지만 그것도 잠시, 연금제도를 현실화 한다면서 정부는 연금 수령 연령을 85세로 올리는 바람에 양가 할아버지 할머니들이 모두 굶게 되었다. 규훈의 아버지와 어머니도 독자였고 명희 부모님도 마찬가지였다. 규훈의 친조부모와 외조부모, 명희의 친조부모와 외조부모 8명이 고스란히 두 사람 몫이 되어 버렸다. 규훈과 명희가 낳은 아이는 하나였지만 규훈이 부양할 식구는 14명이나 되었다. 도저히 말도 안 되는 상황이었다. 명희도 취직을 해 가계에 보탬이 되려 했으나 워낙 일자리가 없었다. 할 수 없이 양가 부모님은 갖고 있던 집을 팔았다. 지금은 32평 아파트에서 15명이 바글바글 모여 살고 있다. 아직은 버틸 만하지만 집을 팔아 마련한 생활비도 언젠가는 떨어질 것이고 그후는 정말 막막하다.

세상에서 가장 소중한 사랑을 찾아 결혼한 규훈이지만 자신에게 딸린 많은 식구들을 볼 때마다 짜증이 났다. 특히 8명의 조부모들을 생각하면 눈앞이 캄캄했다. 500만 원 월급으로 한 분 당 30만 원씩 용돈을 드리면 그것만도 240만 원이었다. 현재 70대인 그분들의 예상수명은 92세다. 물론 조부모들 덕분에 자신과 명희가 태어났지만 앞으로도 20년 가까이 펼쳐질 절망적인 미래는 도저히 자신이 없었다.

이 일화의 끝을 나름대로 상상해봤지만 너무나 암울하고 엽기적이어서 더 이상 발전시키진 않겠다. 하지만 역사를 살펴보면 약간의 힌트를 발견할 수 있다.

고려장 | 고려시대에는 늙어서 노동력을 상실한 사람

은 산 채로 버리는 '고려장(高麗葬)'이라는 국법이 있었다. 지금 생각하면, 잔인하게 보일지 모르지만 식량생산의 한계가 분명했던 당시 상황을 고려하면 이해도 된다.

당장 먹을 게 없다. 가족 모두 배불리 먹을 식량이 없다. 누군가 굶어야 한다. 그것도 한 끼가 아니라 앞으로 무한정 계속 굶어야 한다면, 당연히 사람 수를 줄이게 된다. 아이는 미래 노동력이므로 줄일 수 없고 자연스레 그 대상은 노동력을 상실한 노인이 될 것이다.

위의 일화에서 규훈은 과연 어떤 선택을 할까? 터무니없는 상상과 논거로 인간의 존엄성을 모독하는지는 모르겠지만 쥐 실험을 예로 들어보자.

일정한 밀폐 공간에 쥐들을 집어넣고 적당한 식사를 제공한다. 산소도 충분히 공급하고 대소변을 적절히 치워주면서 쾌적한 환경을 제공한다. 이런 상황에서 쥐를 새로 넣지 않고 또 빼내지도 않는다. 처음에 쥐들은 무척 평화롭게 살아갔다. 그러나 그 수가 많아지자 먹이가 모자랐다. 좁은 공간에 너무 많이 모여 있다보니 서로 부대끼며 신경을 거스르게 되었고 결국 쥐들은 서로 물어 죽이기 시작했다.

죽은 쥐들을 치워 적정 수가 되면 쥐들의 야성은 다시 사라졌지만 다시 수가 늘면 똑같은 살상이 반복되었다.

앞으로 50년, 100년 후의 사회가 어떻게 될지는 아무도 예

측할 수 없다. 그러나 분명한 것은 어떤 사회가 되든 모두가
다 잘 살 수는 없다는 것이다. 덧붙여 지금처럼 산업발달의
정체가 계속된다면, 평균수명의 연장이 가난한 사람에게는
축복이 아니라는 것이다.

　당신은 행복한 노년을 준비하고 있는가? 실제로 노년이 되
었을 때, 현재 예상만큼의 생활이 가능하겠는가? 혹시 남들
도 다 하는 평범한 대책으로 만족하고 있는 것은 아닌지...

탈(脫) 소유

디플레이션 | 디플레이션이란, 물건이 너무 많이 공급되어 물가가 떨어지는 현상이라는 것을 앞에서 살펴봤다. 과학기술이 포화되면서 산업자본주의의 모범생이었던 일본이 디플레이션에 시달리는 현상도 짚어봤다. 예상되는 디플레이션에 맞서 어떻게든 소비를 활성화시키려는 대한민국 정부의 노력이 왜곡되면서 개인저축은 소멸되고 카드빚으로 대표되는 가계부채는 늘고 있지만 훨씬 더 중요한 변화가 있다는 것이다. 현재 많은 회사들은 사무실 공간을 축소하고 재고를 없애고 부동산을 매각하는 등 안간힘을 쓰고 있다. 지금까지 자본주의에서 가장 중요한 재산형태이며 자본주의를 받쳐온 기둥인 물리적 자산의 지위 자체가 격하되고 있는 것이다.

물리적 자산으로 맨 먼저 떠오르는 것이 공구, 기계, 설비, 공장, 토지처럼 제품을 생산하고 서비스를 제공하는 인프라이다. 그러나 요즘 경영 컨설턴트와 경제학자들은 물리적 자산은 절대로 쌓아두지 말라고 조언한다. 자산이 있어야만 시장요구를 충족시킬 수 있다는 발상에서 벗어날 때가 온 것이라는 것이다. 이젠 자산을 보유해봤자 별 재미를 못본다. 소유에 집착하면 점점 체중이 불어 기업의 발빠른 변신에 걸림돌이 될 뿐이다.

이런 흐름 속에서도 선두를 고수하고 있는 미국 기업들의 경우, 생산기지는 전부 외국으로 옮기고 본사는 기획과 마케팅 등 핵심 영역만 담당하는 형태로 개편하고 있다. 나이키처럼 신발은 해외에서 만들지만 부가가치가 창출되는 디자인과 마케팅 부문은 본사에서 담당하는 경우도 있고 인텔이나 마이크로소프트처럼 컴퓨터 완제품은 만들지 않지만 뇌에 해당하는 CPU와 운영체제 부분만 독점하는 경우도 있다. 대한민국 핸드폰 기술이 세계를 제패했다고 자랑하지만 모든 핸드폰에 들어가는 핵심기술 역시 미국 기업인 퀄콤(Qualcomm)사 독점이다.

산업자본주의의 가장 진보된 형태를 띤 이런 회사들의 공통점은 아웃소싱(outsourcing)이다. 우리말로 하면 외주 정도가 될 것이다.

기업들이 꼽는 아웃소싱의 장점에는 여러 가지가 있다.

첫째, 기업은 돈 버는 데만 집중하고 조직 유지에는 필요하지만 수익 창출과는 직접적인 관련이 없는 지원 분야를 외부업체에 맡길 수 있다.

둘째, 해당분야에서 세계 최고 역량을 가진 외부업체로부터 저렴한 가격에 질 좋은 서비스를 받을 수 있다.

셋째, 값비싼 설비를 구입하거나 기업의 수익 창출에 직결되지 않은 주변 인프라의 구축에 돈을 낭비하지 않아도 된다.

넷째, 수익성이 악화되는 상황에서도 구조조정을 못하고 근로자의 생계를 보장해줘야 하는 부담에서 벗어날 수 있다.

마지막으로, 상품 주기가 점점 짧아짐에 따라 정신없이 바뀌는 시장상황에 유연하게 대처할 수 있다.

이런 장점 때문에 물리적 자산을 많이 소유해야만 유리하다고 생각되던 제조업에서도 자본주의 법칙이 근본부터 달라졌다. 불과 10년도 안 되는 짧은 기간에 세계 굴지의 제조업체들이 공장과 부동산을 처분해 생산은 외부 하청업체에 맡기고 슬림한 구조의 디자인실과 유통본부로 탈바꿈해왔다. 현재 우리나라 기업들도 일부 중요 라인을 제외한 부품들을 외부 하청업체에 맡기고 있는 실정이다.

일본의 부동산 폭락 | 소유권의 의미가 퇴색

되고 가치가 떨어지는 것은 부동산 역시 마찬가지다. 10년 이상 디플레이션에 신음하고 있는 일본을 보면 절대 떨어질 것 같지 않던 부동산 가치가 얼마나 허무하게 무너지고 있는지 알 수 있다. 일본 고베(神戸)에서 개척교회를 이끌고 있는 한 목사의 증언을 들어보자.

"부동산 거품이 절정에 달했던 1980년대 후반, 교인들이 모금을 해 교회 지을 땅을 사러 나섰습니다. 고베 중심가에 적당한 부지를 물색한 후, 가격을 물어봤더니 평당 1,000만 엔을 달라고 하더군요. 부동산 전문가는 아니지만 너무 비싸다는 느낌에 교인들을 설득해 가격이 좀 떨어지면 사기로 했습니다.

그후 10여년이 훌쩍 지나버렸습니다. 부동산 가격이 계속 떨어지더군요. 2000년이 되자 더이상 떨어지진 않을 것 같다는 교인들의 이야기가 있어 안 팔리고 있던 그 땅을 평당 140만 엔에 샀습니다.

3년 후 그 가격이 얼마인지 아십니까? 70만 엔까지 떨어졌습니다. 주변을 돌아봐도 활기라곤 찾아볼 수가 없어요. 대부분의 교인들이 일본경기가 더 나빠질 거라고 말하는 것을 들으면서 걱정만 하고 있습니다." *(자료 출처: 제로시대,)*

부동산 이외의 투자 대상으로 한창 인기가 높던 골프장 회원권 역시 폭락했다. 일본에서 사업을 하고 있는 어느 사장의 이야기다.

"규슈(九州) 지방은 일본에서도 가장 좋은 지역으로 유명합니다. 기후도 좋고 생활형편도 넉넉하고 인심도 좋은 곳이죠. 최근 그곳에 몇 번 다녀왔습니다. 그런데 현지 상황이 매우 심각했습니다.

미야자키현(宮崎縣)의 한 유명 골프장에 가봤죠. 1989년 일본경제가 호황일 때, 그곳 골프장 회원권은 원화로 10억 원 정도 했습니다. 그런데 지난 여름 무려 5천만 원까지 떨어졌더군요. 그래서 한국에 있는 골프장 회원권을 3억 원에 팔아 두 개를 샀습니다. 그런데 최근 그것이 다시 2천만 원까지 떨어졌습니다.

일본 골프장은 한국 골프장과 비교할 수 없습니다. 미 프로선수(PGA)들이 1년에 두 번씩 공식경기를 할 정도로 아름답죠. 그렇게 훌륭한 골프장도 평일은 말할 것도 없고 주말에도 손님이 많지 않더군요. 경관이 좀 떨어지는 골프장 회원권은 5백만 원도 안 됩니다. 디플레이션의 생생한 현장을 본 것 같습니다.

알려진 대로 현재 일본의 예금 금리는 0%대 수준입니다.

그런데도 실물에는 전혀 손을 대지 않습니다. 경기호전으로 소득이 늘 가능성이 없기 때문에 실물가격의 상승이 힘들다는 뜻이죠. 절대숫자로 보면 일본의 골프장 수가 한국보다 많지만 인구 비례, 소득수준을 감안하면 그렇지도 않습니다. 저는 서울 근교의 골프장 회원권을 세 개 가지고 있는데 모두 팔려고 합니다. 규슈에서 회원권 10개를 사고도 평생 골프 칠 수 있는 돈이 남아요. 한국이 일본의 전철을 밟는 건 시간문제입니다."

표7-1 한국과 일본의 골프장 비교 2015년

	한국	일본
인구	5,100만여 명	12,600만여 명
면적	99,268여 평방km	377,829여 평방km
국민소득	29,000여 달러	35,000여 달러
골프장	430여개	2,200여개

소유에서 임대로

지금 세계는 "자산은 사용하되 소유하진 않는다."라는 원칙 아래 움직이고 있다. 현재 미국 기업에서 쓰는 기계, 설비, 운송수단의 30%는 임대(lease)한 것이다.

기업들이 구입보다 임대를 선호하는 것은 무엇보다 시장 상황의 변화에 그리고 기존설비가 쓸모없어졌을 때 유연하게 대처하기 위해서다. 소유에 따르는 여러 부담 없이 임대 만기 시 새로운 설비로 교체만 하면 항상 첨단설비를 쓸 수 있다.

기업이 임대를 선호하는 또 하나 이유는 편리성이다. 일반적으로 임대업체는 설비수리와 유지는 물론 시설운영에 필요한 각종 행정업무나 관리까지 맡아준다. 대한민국의 신규 자본설비의 23%는 임대로 이루어지고 있다. 영국은 19%, 독일은 16%, 아일랜드는 42.5%, 캐나다는 13%이다.

가능하면 소유하지 않는 방향으로 선회하는 현상은 일반 내구재 시장에서도 일고 있다. 미국의 나일론 섬유 생산업체인 몬산토의 대표이사, 로버트 샤피로는 한 인터뷰에서 "카페트를 갖고 싶어하는 사람은 아무도 없다. 단지 그 위에서 한번 걸어보고 싶을 뿐이다."라고 했다. 사람들에게 카페트를 판매해 그 소유권을 넘기는 고전적인 판매방식을 떠나 카페트 소유권은 회사가 가지고 소비자는 그 카페트를 임대만 한다고 생각해보자. 소비자는 저렴한 사용료만 물면서 카페트를 쓰다가 교체할 때가 되었을 때, 회사에서 찾아와 갈아준다면 그게 더 소비자에게 만족을 주지 않을까?

그동안 세상에 나온 모든 제품을 떠올리면서 "사람들이 이 물건을 사는 이유가 뭘까?"라는 질문을 해보라. 특히 닳아 없어지는 소비재가 아닌 내구재의 경우, 그 물건 자체가 필요한 것일까 아니면 그 물건의 기능이 필요한 것일까?

카페트가 좀 약하다고 느끼는 사람은 있겠지만 자동차를 가벼이 생각하는 사람은 없을 것이다. 자동차는 단순한 재화의 의미를 넘어 사람들의 정신세계에 하나의 상징으로 자리 잡고 있다. 대부분 자동차를 소유한다는 것은 성인세계로 들어가는 일종의 통과의례이고 유산계급의 일원으로 기꺼이 책임을 지겠다는 의지의 표현이기도 하다. 한편으로 자동차는 개인의 성공과 사회적 신분을 나타내는 상징으로도 자리매김한다. 최고를 나타내는 벤츠, 젊은 나이의 성공을 상징하는 BMW처럼 단순한 기계장치를 넘어 하나의 아이콘으로 쓰이지만 이젠 다른 많은 제품들처럼 자동차도 상품에서 서비스로 변하고 있다.

불과 20여년 전만 해도 일반소비자를 상대로 한 자동차 임대는 거의 찾아보기 힘들었지만 지금은 미국에서 운행되는 승용차와 트럭의 30%가 임대차량이다. 도로를 달리는 신형차의 30%는 자동차회사나 대리점의 재산인 것이다. 과거처럼 소비자가 자동차를 등록하고 세금을 내고 소유권을 취득하는 것이 아니라 소비자에게 잠시 임대해줄 뿐이다.

고급차는 이미 절반가량이 임대 형식으로 소비자에게 전달되고 있다. 재규어 XJ의 경우, 90% 이상이 임대다. 캘리포니아 마린 카운티 같은 부자동네에서 볼 수 있는 최고급 자동차는 60% 이상이 임대다. 자동차의 임대 추세는 미국뿐만 아니라 유럽을 비롯한 다른 지역에서도 확인된다. 독일에서는 차량의 20%가 기업들을 중심으로 임대되고 있다.

임대는 처음에 거액의 자금이 한곳에 묶이는 것을 달가워
하지 않던 상류층 고객을 중심으로 인기를 끌었지만 이젠 소
유를 대신해 물건을 사용하는 한 방법으로 자리잡았다. 고객
은 소유권이나 보험, 차량정비 등에 신경쓰지 않고 차량을 이
용할 수 있고 자동차회사는 고객에게 편리성과 만족을 줌으
로써 고객의 충성심을 다지는 장점이 있다.

메르세데스 벤츠는 임대 개념을 한 차원 발전시켜 영국에
서 '가변' 임대업을 하고 있다. 고객은 임대 계약 조건에 명
시된 가격대에서 원하는 차를 마음대로 쓸 수 있고 싫증나면
언제라도 다른 모델로 바꿀 수 있다.

자동차가 사람들의 생활방식, 경제적 지위, 자의식 등에서
핵심 역할을 하는 요즘, 차를 가지는 데서 빌리는 것으로 생
각이 바뀌고 있다는 사실은 경제의 기본개념부터 급변하고
있다는 반증이다.

인터넷 | 이상의 탈(脫)소유 현상을 부추기는 원동력이
하나 더 있으니 바로 인터넷이다. 대부분의 다른 과학기술과
마찬가지로 인터넷 역시 처음에는 군사적 목적으로 개발되었
다. 미 국방부의 'ARPANet(Advanced Research Projects

Agency Network, 선진연구산업기관 네트워크)'라는 프로그램이 그 모태인데 ARPANet은 1969년 방위관련 연구조직 중에서 어떤 상황에서도 신뢰할 수 있고 안전한 통신 네트워크에 대한 필요성이 증대됨에 따라 만들어졌다. 이어 타분야의 연구원들과 대학들도 이 네트워크를 이용하기 시작하면서 규모가 커지다가 그래픽을 이용해 사용자들이 직관적으로 문서내용을 이해할 수 있도록 한 월드 와이드 웹(WWW; World Wide Web)을 계기로 폭발적인 성장을 했다.

인터넷은 초기의 기대만큼 획기적이고 새로운 사업기회가 되지는 못했다. 오히려 각종 저작물의 불법유통과 같은, 기존 산업의 존립 기반을 갉아먹는 부작용을 초래했다. 그렇다고 인터넷이 무용지물이라고 할 수는 없다. 인터넷의 의미를 모든 면에서 파악하려면 너무 방대할 것이고 아직까지 우리생활이 인터넷의 영향을 모두 반영할 만큼 완전히 온라인(on-line)화 된 것은 아니므로 한 가지 면에서만 살펴보자.

인터넷의 등장으로 많은 회사들, 특히 유통회사가 변화된 것만은 누구도 부정할 수 없다. 전국에 산재한 대리점을 거느렸던 유통회사는 이제 온라인상에서 홈페이지 하나만 열어놓고도 전 국민을 상대할 수 있게 되었다. 많은 서류작업이 자동화되고 필수 내용은 고객이 알아서 입력해 주므로 자연히 예전보다 대규모로 직원을 감축할 여지가 생겼다. 직원 수도 줄고 대리점을 통하지 않고도 고객을 만날 수 있게 되자 굳이 부동산을 소유하지 않고도 사업을 할 수 있게 된 것이다. 고객 입장에서도 하루종일 발품을 팔지 않고 가격 비교 사이트를 통해 앉은 자리에서 가장 싸게 파는 사이트를 파악하고 주문하는 편리성 때문에 온라인 쇼핑몰 시장은 폭발적으로 성장했다.

그 결과, 전통적인 가치로 여겼던 많은 자산들이 필요없는 상황이 되었다. 앞서 말한 대리점의 매출 비중도 많이 줄었고 대형사무실에 으리으리한 가구 없이도 사업에는 아무 지장이 없다. 큰 돈 들이지 않고도 고객을 상대할 창구가 열린 것이다.

미래의 직업 | 앞으로는 직업에서도 소유의 의미가

퇴색하고 사무실, 자동차, 직원, 공장, 생산설비 등 대부분의 인프라를 임대해 사업을 하는 시대가 될 것이다. 이런 추세의 최종 완성된 형태가 바로 1인기업이다. 수익모델만 있으면 큰 사무실이나 생산설비, 대규모 은행대출 없이도 충분히 사업을 해나갈 수 있다.

수많은 직원, 대규모 부동산, 끊임없이 유지비가 드는 각종 자산을 소유하고 있다면 조금만 매출이 줄어도 고정비 때문에 사업은 곤란에 처하지만 1인기업 형태로 투자비를 최소

화한다면 설사 매출이 오르지 않더라도 고정비 지출이 없으
므로 손해는 보지 않는다.

앞으로 생길 대부분의 직업들은 1인기업 형태가 되겠지만
과학기술의 발달이 포화된 상태에서 수익모델을 찾기는 쉽지
않다는 것이 개인들의 당면 문제다.

"따르릉…."

언제나 자명종 소리는 잔인했다. 재웅은 졸린 눈을 비비며
일어나 샤워실로 갔다. 찬물로 샤워를 하니 정신이 좀 맑아
졌다. 어제 빌린 양복을 입고 지하주차장으로 내려갔다. 배
기량 3,300cc 6기통 엔진을 장착한 재웅의 애마가 반갑게
두 눈을 깜빡였다. 여성적인 곡선에 남성적인 강인함이 스
며 있는 중성적 이미지의 검은색 자동차였다. 빌린 지 일 주
일 정도 되었지만 아직 완전히 적응하지 못해 운전은 급작
스럽다.

시동을 거니 웅크렸던 사자가 포효하듯 온몸에 전율을 흐르
게 하는 엔진소리가 들려왔다. 요즘 나오는 차들은 상당히
조용했지만 이 차는 역동적인 엔진소리를 억제하지 않으면
서 아름다운 음악으로 승화시켰다는 평을 받을 정도로 사운
드 튜닝(sound tuning)에 신경을 많이 썼다. 급출발하지 않
도록 조심하면서 재웅은 지하주차장을 빠져나왔다.

신호에 걸렸다. 옆차선에 정차한 차를 보니 강렬한 트로피칼 오렌지색의 스포츠카였다. 처음 보는 모델인데 새로 나온 차 같았다. 시걸 윙(seagull wing) 형태의 도어가 열리고 팔등신의 미녀가 내렸다. 시선을 다시 앞으로 돌린 재웅은 왠지 자신의 차가 초라해 보였다. 신호가 초록색으로 바뀌었다. 액셀러레이터를 바닥까지 밟았다. "부웅" 굉음과 함께 재웅의 차가 앞으로 나아갔다. 오렌지색 차도 만만치 않았다. 재웅보다 출발이 늦었는데도 어느새 재웅의 차를 앞질러 시야에서 사라져갔다. 재웅은 심기가 불편해졌다. 오늘 저녁 당장 오렌지색 차와 똑같은 차를 빌리기로 결심했다. 임대계약상 원하는 차량으로 얼마든지 바꿀 수 있으므로 문제될 것은 없다.

재웅은 유통업으로 성공했다. 그렇다고 예전처럼 큰 창고와 매장에 여러 직원을 둔 사장은 아니다. 물건 제조는 제조회사에서 책임진다. 재웅은 인터넷 주문을 받고 실시간으로 제조회사에 연락을 한다. 재웅의 주문을 받은 제조회사는 물건을 출고한다. 배달은 택배회사를 통해 해결한다. 그 과정에서 재웅에게 커미션이 주어진다.
사실, 재웅 소유의 자산은 아무것도 없다. 공장, 창고, 매장, 직원 아무것도 없다. 하지만 재웅에게는 고객이 있다. 자신의 노력과 인간성을 믿어준 고객층이 어느 정도 형성되자 제조회사와 협상이 가능할 정도로 성장할 수 있었고 제조회사나 소비자 모두에게 이익이 되는 방향으로 일을 진행할 수 있었다. 든든한 현금흐름이 생기자 재웅은 13평 정도의 작은 사무실을 임대했다. 사업에 필요해서라기보다는 혼자 조용히 지낼 공간이 필요해서였다.

사무실에 들어서니 기분이 좀 나아졌다. 매우 고급스런 사무실에서는 좋은 냄새도 났다. 직원은 한 명도 없었다. 전화를 받아주는 비서도 없으므로 자신이 직접 자동응답기를 체크해 본다. 주로 핸드폰이나 이메일을 사용하기 때문에 응답기에 메시지를 남기는 사람은 거의 없다. 응답기는 임대회사에서 임대했다. 물론 핸드폰도 임대했다. 컴퓨터도 최신기종으로 임대했으며 언제라도 다른 기종으로 바꿀 수 있다. 카페트와 책상도 모두 임대품이다.

재웅은 컴퓨터를 켜고 주문을 확인한다. 역시 밤새 주문이 많이 들어와 있었다. 30분 만에 모든 일을 처리한 재웅의 하루 수입은 100만 원 정도가 된다. 한 회사의 수입으로는 보잘것 없지만 고스란히 재웅 한 사람의 몫이므로 결코 적은 액수가 아니다. 나머지 시간에는 고객에게 안부전화를 걸어 유대관계를 공고히 한다. 다른 것들은 임대가 가능하고 언제라도 바꿀 수 있지만 고객만은 그렇지 않다. 고객은 재웅의 생명과도 같고 고객과의 관계는 항상 정직하다. 노력한 만큼 보상은 돌아온다.

그후 남는 시간에는 현재의 경제상황과 미래의 모습을 예견하기 위해 뉴스를 섭렵한다. 아차! 잊은 게 있다. 아까 보았던 오렌지색 자동차를 빌려야 한다.

RT (Relation Technology)

디플레이션이 닥쳤을 때, 방향성을 잃은 경제는 침체하고 사회는 혼란에 빠지겠지만 한 가지 긍정적인 영향이 있다. 바로 부를 상징하던 기존 재화나 부동산 가치가 떨어지면서 사람들이 화폐에서 초래된 환상에서 깨어나는 것이다.

각종 재화의 가치가 끝없이 떨어진다. 사람들은 구매를 자제한다. 아무리 귀한 물건도 아무도 사려고 하지 않는다면 그 가치는 제로가 될 것이다. 결국, 다른 사회의 구성원과의 상호작용을 통해서만 얻을 수 있는 것이 부라는 것을 깨닫게 되는 것이다. 다시 말해, 얼마나 많은 사람을 계약적으로 지배하는가가 부의 척도인 것이다. 이처럼 재화의 가치를 중심으로 생각하는 관점보다는 인간관계를 중심으로 생각하는 움직임이 현재 일어나고 있다. 마케팅 전문가들은 시장거래 비중이 줄고 평생에 걸친 고객과의 안정적인 관계가 더 중시되는 상황 다시 말해, 제품중심에서 관계중심으로 바뀌는 환경에서 얻을 수 있는 장점을 강조하기 위해 평생가치(Lifetime Value)라는 말을 쓴다. 그 예로, 캐딜락 자동차에서는 대리점으로 들어서는 고객 한 명이 가지는 잠재적 평생가치를 32만 2천 달러로 추정한다. 이 수치는 고객이 평생 구입할 것으로 예상되는 자동차의 수와 그에 수반되는 서비스를 환산한 것이다. '자동차 한 대를 팔면 거기서 주어지는 커미션이 얼마' 라는 전통적 가치관과는 많이 다르다.

재웅의 일화에서 보듯이 아무리 과학기술이 포화되고 경제 상황이 어려워지더라도 개인적으로 충성스런 고객군(群)을 확보하고 있다면 절대로 경제적 어려움에 빠지지 않는다. 고객 한 명 한 명을 계약적으로 지배하면서 그들의 노동의 열매(돈)를 조금씩 모으면 큰 수입으로 연결되기 때문이다.

정보기술(IT; Information Technology) 산업의 기반은 인터넷인데 이 인터넷의 본질은 사람들을 연결해주는 데 있다. 많은 사람이 '정보의 바다' 라고 하지만 IT 업종에서 수익을 올린 개인기업들을 보면, 대중에게 정보를 제공해 수익을 올린 것이 아니라 사람과 사람을 연결해주는 데서 수익을 올렸음을 알 수 있다. 온라인 쇼핑몰, 온라인 게임, 인터넷 전화 등을 보라. 전달되는 정보는 없다. 오직 사람들끼리 연결된 관계만 있을 뿐이다.

이처럼 인터넷에 의해 새롭게 등장한 기술을 '정보기술' 대신 '관계기술'이라고 불러야 한다며 IT 대신 RT (Relation Technology)라고 부를 것을 제안하는 사람이 있다. 프랑스 경제학자, 알베르 브레상은 RT야말로 신기술을 나타내는 가장 적절한 용어라고 주장한다. 인터넷에서 중요한 것은 물질적인 상품이 아니라 사람들 간의 '관계'이기 때문이다.

명심하라. 관계만이 살 길이다. 앞으로 디플레이션 사회에서 살아남기 위해서는 고객 확보만이 유일한 길이다.

마지막 기회

당신의 경제적 지위는 ┃ 여러분은 어떤가?
미래의 모습이 느껴지는가? 다시 한 번 정리해보자.

지난 200년 간 사회구조를 유연하게 유지해줬던 산업혁명은 지금 한계를 맞고 있다. 대한민국의 경우, 1970년대는 중화학공업, 1980년대는 전자산업, 1990년대는 정보통신 등 시기별로 대규모 투자산업이 등장했지만 2000년 이후로 이렇다 할 거대산업이 나타나지 않아 기업들의 적극적인 투자가 일어나지 않고 있는 상황이다. 신산업의 부재에 더해 각종 자동화의 영향으로 실업률은 계속 높아지고 있다. 세계적인 경제학 박사, 폴 제인 필저(Paul Zane Pilzer)에 의하면, 21

세기 산업국가 대부분의 실업률은 20%대로 예상되며 스페인과 프랑스는 이미 그 수준에 도달했다.

기존 생산기술의 발달과 경기침체로 세계는 디플레이션의 위협에 직면해 있다. 또한 세계 경제는 유럽 및 미국발 글로벌 금융위기 확산으로 더블 딥이 우려되고 있다. 대한민국의 경제 발전은 수출이 차지하는 비중이 높기 때문에 이와 같은 더블딥의 여파는 투자 축소와 실업자 증가 경제 성장율 둔화로 이어지고 삶의 질은 떨어져만 간다.

부자와 가난한 사람의 격차는 점점 벌어지고 있다. 지금까지는 산업혁명 덕분에 평범한 사람이 부자가 될 수 있는 기회가 많았지만 앞으로는 빈부가 확연히 구분될 것이고 그 골은 갈수록 깊어질 것이다. 도저히 뛰어넘을 수 없는 경제력 차이는 신분으로 굳어져간다.

당신은 현재의 삶에 만족하는가? 앞으로 도래할 신분사회에서 당신의 위치는 어디인가? 당연히 지배층에 편입될 것 같은가? 앞에서 이야기했듯이 고려시대에는 외거노비가 있었다. 그들은 주인집에 함께 살면서 농사와 집안일로 혹사당하던 솔거노비보다는 사회경제적 처지가 나아 토지와 가옥 등 사유재산을 소유할 수 있었다. 그러나 사유재산과 약간의 자유가 인정되더라도 외거노비는 결국 노비 신분이었다.

어디선가 많이 듣던 이야기 같지 않은가? 혹시 당신도 재벌 대감댁에서 일하면서 독립적인 가정을 이루고 주택과 자동차 등 약간의 사유재산을 소유한 사람은 아닌가? 좋은 학교 나와 좋은 직장에 취직한 당신 처지가 대감댁에 들어가지 못한 다른 사람들보다는 나을지 몰라도 생산수단을 갖지 못한 이상, 당신은 절대로 대감이 아니다.

질병은 하나둘씩 정복되고 평균수명은 늘어가지만 출생률 저하로 인한 노동력의 감소로 노인들의 삶의 질은 보장되기 어렵다. 상위 13%에 속하지 못한 가난한 사람들에게 수명연장은 저주가 될 수도 있는 것이다.

이 사회에서 가진 자와 못 가진 자의 괴리는 점점 커져가는데 유전공학의 발달이 더해지면서 그 괴리의 폭은 더 넓어질 전망이다. 그 결과, 미래는 절대로 뛰어넘을 수 없는 철저한 신분제 사회가 될 것이다. 기득권층은 대중의 불만을 잠재우기 위해 새로운 이데올로기와 제도적 장치를 도입할 것이다.

비행기 게임 | 주식으로 무장하고 있으니 안심해도

된다고 생각하는가? 비행기 게임이라는 사기가 있다. 한 무리의 사람들이 모여 상상으로 비행기를 만든다. 비행기에는 승객, 부조종사 그리고 조종사가 있다. 승객은 게임의 종류에 따라 수백만 원에서 수천만 원의 좌석을 살 수 있다. 좌석을 산 승객이 되면 당신은 새로운 승객을 찾아 당신이 샀던 좌석을 팔아야만 한다. 매번 새로운 승객을 데려올 때마다 당신의 자리는 하나씩 앞쪽으로 당겨진다. 승객이 어느 정도 모이면 당신은 부조종사가 되고 마침내 조종사가 된다.

일단 조종사가 되면 당신은 손에 돈을 쥔, 새로운 승객들을 일 주일에 한 번씩 미팅에 데려온다. 거기서 사람들은 돈을 내고 좌석을 산다. 또 사람들을 데려오는 방법을 배우게 된다. 보통 부조종사와 조종사가 그 방법을 가르쳐준다. 그럼 모인 돈은 어디로 가는가? 조종사에게 간다. 자, 당신이 조종사로 있을 때, 거기에 돈을 들고 모인 새로운 승객들은 바로 그 자리에서 당신에게 돈을 준다. 10명의 승객이 2백만 원을 내면 2천만 원의 현금이 생긴다. 비행기 게임에서 새 승객이 조종사가 되기까지는 4~6주가 걸린다.

모든 비행기가 사고없이 잘 운행된다면 정말 쉬운 돈벌이다. 그러나 사고는 일어나고 만다. 승객이 모자라면 비행기는 추락하게 되어 있다. 즉, 비행기의 승객들이 조종사라는 횡재를 하기 전에 2백만 원을 낼 만한 친구나 가족이 바닥나는 것이다. 그 다음에는 어떤 일이 벌어지겠는가? 일찍 조종사가 된 사람은 빠른 시간 안에 돈을 벌었지만 나머지 사람들은 2백만 원을 그냥 날리게 되는 것이다. 이 비행기 게임이 왜 사기일까? 돈은 움직였지만 그에 상응하는 제품이나 서비스는 움직이지 않았기 때문이다.

당신은 왜 주식을 사는가? 아마도 배당금 때문에 주식을 사는 사람은 별로 없을 것이다. 주가수익률(PER=주가/주당 순이익)이 10이 넘는 주식이라면 순이익의 10%를 배당으로 지급하더라도 실제 당신이 지불한 돈의 1%밖에 안 되기 때문에 별 매력이 없다. 대신 언젠가 주식이 오르면 그때 발생할 차익을 기대하고 주식을 사는 사람이 대부분일 것이다. 당신이 산 후에도 많은 사람이 계속 그 주식을 사야만 하는 것이다. 비행기 게임과 비슷하지 않은가? 아무 가치도 전달되지 않으면서 단지 앞으로 돈을 벌 수 있다는 기대감만으로 형성되는 것이 바로 주식이다.

이처럼 주식시장은 실재가치는 전혀 없이 기대감만으로 형성되므로 주식시장의 최대의 적은 공포심이다. 너도나도 주식시장이 별볼일 없다는 생각에 주식을 내다팔기 시작하면 실제로 주가는 떨어지고 주가가 떨어지면 공포심은 현실이 되어 더 많은 사람이 주식을 팔게 된다. 주식은 말 그대로 하루아침에 휴지조각이 될 수 있다. 왜? 기대감을 빼고나면 주식시장에 남는 가치는 아무것도 없기 때문이다.

1990년 이후의 주식시장의 성장은 미국의 7천 5백만 베이

비부머 덕분이다. 그들이 인생에서 돈을 가장 많이 버는 시점에서 미래를 위해 주식투자를 했기에 주가가 올랐고 주가가 오르자 희망을 걸고 더 많은 사람이 주식에 투자했다. 하지만 2010년 7천 5백만 베이비부머들은 65세에 달해 은퇴하기 시작했고 2011년 미국과 유로존 재정위기 이후, 전 세계 주식시장은 상승 탄력을 잃고 폭락을 거듭 했다. 사람들 사이에 주식시장은 별볼일 없다는 심리가 퍼지면 비행기 게임은 더 이상 진행되지 못하고 비행기는 추락할 것이다. 또한 개인들은 기관과 외국인의 거대 자본과 정보를 이길 수 없다.

폰지 게임 ㅣ 연금은 또 어떤가? 국민연금의 본질을 말해주는 예로 폰지 게임이라는 사기가 있다. 폰지는 카를로 찰스 폰지라는 이태리 이민자의 이름에서 따온 것이다. 폰지는 물가가 싼 나라에서 국제반신권(우표와 교환가능한 쿠폰)을 사 물가가 높은 나라에 비싸게 팔아 차액을 챙긴다는 계획으로 투자자를 모집했다. 투자자는 액면가 150달러짜리 어음을 폰지로부터 100달러에 사고 90일이 지나면 그 어음으로 150달러를 다시 찾게 된다. 은행이자가 4%로 묶여 있던 당시 폰지의 약속어음은 50%라는 큰 이익을 가져다준 것이다. 처음 투자자들은 믿기지 않아 안전하게 10~20달러 정도만 투자했지만 몇 차례 50% 이자 재미를 보고는 안심이 되자 몇천

달러씩 투자하게 되었다. 폰지 또한 투자자의 흥미를 돋우기 위해 기간을 45일로 줄였다. 결과는 대성공이었다. 빠른 시간 안에 폰지제국은 급팽창했고 매일 100만 달러가 그의 회사로 들어왔다. 그에게 투자한 사람들이 큰 돈을 번다는 소문이 퍼졌고 그는 금융계의 천재로 불렸다. 지방은행인 하노비 신탁회사를 소유하고 매사추세츠 렉싱턴에 호화주택을 장만했으며 '위대한 폰지'라는 이름으로 널리 알려지게 되었다.

그러나 한 가지 문제가 있었다. 폰지사업은 톰의 돈을 받아 숀에게 빚을 갚는 방식으로 운영되었다. 투자자들이 오늘 보낸 돈으로 내일 만기가 되는 투자자들의 돈을 갚았던 것이다. 회전목마가 돌아가듯 이것은 완벽해 보였지만 1920년 어느날 이 회전목마는 멈췄고 박살나 버렸다. 애초부터 국제반신권은 존재하지도 않았다. 보스턴 신문에 실린 비난기사를 조정하기 위해 폰지가 고용한 홍보담당 직원이 진상을 조사하다 그 사실을 외부에 폭로하면서 사건은 터졌다. 카를로 찰스 폰지는 불법 피라미드라는 사상최고의 믿기지 않는 엄청난 사기극의 창시자라는 불명예를 안게 되었다. 폰지의 피라미드 방식이 불법인 이유는 회전목마 원리 때문이다. 돈이 계속 들어오면 돈은 계속 나갈 수가 있다. 투자자들은 모든 돈을 제때 받아 모두 행복해 보였지만 돈의 유입이 중단되면 모든 것이 어긋나게 되어 있었다. 만약 들어올 돈이 줄면 똑같은 일이 벌어진다. 결국, 나중에 이 게임에 투자한 사람은 돈을 모두 날려야 했고 어떤 이는 투자금을 몽땅 잃기도 했다.

정부가 운영하는 국민연금제도는 세계최대의 폰지 게임 형식이다. 당신은 직장에 근무하면서 매달 급료의 일정비율(꽤 큰 금액)을 지불한다. 언젠가 은퇴할 그날부터 죽는 날까지 일정 연금을 받기를 기대하면서 말이다. 정부는 폰지처럼 돈을 받을 때가 된 투자자들에게 돈을 지불한다. 사회보장금으로 비축된 여유자금은 정부의 정치자금으로 쓰인다. 정치인들은 너나할것 없이 마치 내일이 없는 것처럼 돈을 계속 펑펑 쓰고 다닌다.

머지않아 돈을 내는 사람들이 돈을 받을 사람들보다 훨씬 적어질 것이다. 아니 벌써 그런 일이 주변에서 벌어지고 있다. 기업 용어로는 '마이너스 통화유통' 이라 하며 이 말은 곧 우리가 깡통을 차게 된다는 것이다. 돈과 반대방향으로 전달되는 가치는 전혀 없다. 폰지 사기와 다른 점이 하나도 없는 것이다.

앞에서 이야기했듯이 2010년 미국의 7천 5백만 베이비부머들은 은퇴를 시작했고 연금수혜자가 되었지만 연금을 납입할 노동인구는 현저히 줄어들고 있다. 들어오는 돈보다 나가는 돈이 많아지기 시작한 것이다. 회전목마가 멈출 날이 다가

오고 있는 것이다.

최근 영국에서는 나이가 많다는 이유로 노동자를 해고시키는 행위를 금지시키는 법안이 상정되었다. 이 조치는 노령 노동자들의 생존권을 보장해주려는 것처럼 보이지만 사실은 현재 65세인 노동자들의 정년을 70세로 연장해 연금 지급을 늦추려는 의도다. 그러나 그런 방법으로 5년을 버티고나면 상황이 나아질까? 그럴 기미는 전혀 보이지 않는다. 5년 연장 후 또다시 5년 연장이 반복되면서 연금제는 본래의 취지를 잃어버릴 것이다.

직업의 본질 앞으로 사회구조의 역동성이 줄면서 신분사회는 다가오고 평균수명은 90세가 넘을 것이다. 오래 산다는 것은 부자들에게는 축복이지만 가난한 사람들에게는 죽음보다 더한 저주다. 유전공학을 통해 부자와 가난한 사람 사이에 장벽이 추가로 놓일 것이다.(유전자정보를 이용 유전자 검사를 통해 변형된 유전자를 바로 잡거나 새로운 유전자로 대체하여 질병을 예방하거나 치료하여 삶의 질을 높이고 수명을 연장 하는 등...)

주식과 연금도 믿지 못할 현 상황에서 당신의 경제적 지위를 개선하기 위해서는 앞으로 어떤 직업을 갖는 것이 조금이나마 유리할 것인지 생각해보자.

세계적인 세일즈 동기부여 강사인 지그 지글러(Zig Ziglar)는 "우리는 모두 뭔가를 팔고 있다."라는 말로 직업의 공통적인 속성을 명쾌히 지적했다. 자동차 세일즈맨은 자동차를 팔고 백과사전 세일즈맨은 백과사전을 판다. 세일즈는 뭔가를 판다는 말이니까 여기까지는 당연하게 느낄 것이다. 그럼 다른 직업은 어떤가? 의사는 자신의 의료서비스를 팔고 변호사는 법률서비스를 판다. 좋은 대학 나와 안정된 직장에 들어간 사람은? 그들은 대학 졸업장이라는 품질보증서가 붙은 자신의 노동력을 파는 것이다. 그렇다. 우리는 모두 뭔가를 팔고 있고 그 대가로 생계를 꾸려나가는 것이다. 그러므로 잊지 말 것은 '부(富)란 타인에 대한 계약적 지배' 라는 것이다.

여기서 안타까운 것은 대학을 졸업하고 직장에 취직한 많은 사람들은 자신이 세일즈맨이라는 사실을 잊고 산다는 점이다. 영어학원도 다니고 자격증도 취득하고 자신을 좀더 매력적인 상품으로 만들려고 노력하면서도 막상 세일즈맨을 보면 '나보다 못한 사람', '대학까지 나왔는데 세일즈 하기엔 좀…' 이런 생각을 하고 있다.

이런 거만함의 결과는 무엇으로 나타나는가? 정리해고 후의 무기력증으로 나타난다. 자신을 상품으로, 자신을 세일즈맨으로 생각해본 적이 없기 때문에 나이를 먹고 상황이 바뀌어 경쟁력을 상실했을 때 가서 그 원인이 무엇인지, 자신을 어떻게 더 잘 팔 수 있는지 생각하지 못한다. 단지 자신을 거부한 회사와 사회를 원망할 뿐이다.

명심하라! 이 세상 모든 사람은 고객 없이는 살아갈 수 없는 세일즈맨이다. 그 고객이 당신회사의 사장이든, 동네사람이든, 낯선 사람이든 당신이 파는 것이 노동력이든, 상품이든, 전문지식이든, 지적재산이든 불확실한 미래에 살아남는 길은 고객을 확실히 많이 확보하는 것 뿐이다. 이처럼 고객확보를 대전제로 몇 가지 직업전망을 살펴보자.

회사원 ┃ 일반회사원의 가장 치명적인 약점은 대체가능(代替可能)성이다. 더이상 나만의 진리는 없다. 내가 아는 지식은 남들도 안다. 고도의 분업화 덕분에 업무도 고졸 정도면 할 수 있는 것들이라 성실한 근무 말고는 나만의 비교우위를 찾을 길이 전혀 없다. 또한 대졸 인력의 포화 상태로 매년 졸업생의 50%정도만 취업이 이루어지고 있으며 직장에 들어가서도 언제 정리해고 대상이 될지 알 수 없는 불안감속에 항상 내일의 일 자리를 걱정해야 하는 처지가 되었다.

일반회사원의 고객은 고용주 한 사람이다. 고용주 입장에서는 이 사람을 쓰나 저 사람을 쓰나 업무만 진행되면 되므로 특정인에게 의존할 필요가 전혀 없다. 그리고 필요한 인력은 줄을 서서 기다리고 있다.

　디플레이션 사회에서 구조조정은 필수이며 특정 회사원의 부재로 회사가 입는 손해는 거의 없게 되어 있다.

창업 ｜ 위와 같은 한계에 대한 대책으로 많은 사람이 창업을 꿈꾼다. 창업을 통해 많은 고객을 계약적으로 지배할 수 있다는 점에서 가능성 높은 방법이지만 현실은 그리 녹녹지 않다. 최근 노동부가 구직 희망자들을 대상으로 실시한 설문조사에 따르면, 창업 희망자들은 절반 이상이 식당(26.8%), 분식점(11.3%), 치킨 전문점(12.0%) 등 전문지식이 필요없는 음식장사를 원했다고 한다. 하지만 전문지식이나 자신만의 비교우위를 갖지 못한 상태에서 "하면 된다!"라는 생각만으로 벌이는 사업은 당연히 실패할 확률이 높다.

　몇 천만 원에서 수억 원을 투자해 사업을 벌인 경우, 5년 안에 부도를 낼 확률이 80%이고 은행이자 정도가 나오는 현상유지가 15%, 성공이 5% 정도라고 한다. 그나마 성공한 5%도 상권이나 경제여건의 변화에 따라 업종을 계속 바꿔줘야 살아남을 수 있다.

의사 ｜ 의사의 특징은 고객인 환자에 대해 가지는 계약적 지배관계의 수가 많고 그 힘이 막강하다는 것이다. 고객이 고용주 한 사람인 회사원과는 달리 자신의 고객을 직접 만나

므로 많은 고객과 계약적 지배관계를 형성한다. 인류가 멸망하지 않는 한, 인간은 살아가면서 아프게 마련이다. 자동차가 고장나면 자동차 없이 살 수는 있어도 아픈 사람이 의사를 찾지 않고는 살 수 없는 것이다. 환자는 자신의 고통에서 해방되거나 생명을 구하기 위해서라면 집이라도 판다. 계약적 지배의 속성인 수, 강도, 지속성 세 가지 측면에서 모두 탁월한 직업이 바로 의사이다.

전통적으로 의사가 된다는 것은 사회의 상위 13%에 진입하는 티켓을 따는 것이었다. 좀 고생스럽고 힘들어도 의사에게 주어지는 경제적 보상은 모든 불편과 고생을 상쇄시킬 정도로 컸다. 요즘 동네병원들의 도산 소식이 들린다. 의사들은 의료보험 수가 체계 탓으로 돌린다. 몇년 전 의사들은 파업도 했지만 앞에서 나온 창업자들의 통계를 보라. 80%가 5년 안에 도산한다. 이런 상황에서 일부 의사들이 어렵다고 제도적 개선을 주장하는 것은 정말 배부른 소리다.

디플레이션 사회에서 도산은 기본이다. 중요한 것은 성공 가능성 여부다. 그렇게 본다면 의사는 앞으로도 이 사회의 상위 13%에 진입할 가능성이 비교적 높은 유망직업임에 틀림없다. 하지만 환자의 종합병원 쏠림과 의사의 과잉 공급으로 경쟁이 치열해진 만큼 환자를 고객으로, 자신은 서비스를 파는 세일즈맨으로 생각하는 철저한 비즈니스 마인드가 필요할 것이다. 참고로 개업 의사의 30% 정도가 병원을 유지하기가 어려워 진료를 계속할 수 없다고 한다

몇 년 전, 영국의 의학전문지, '랜셋(Lancet)'은 의사는 환자를 볼 때마다 의식적이든, 무의식적이든 연기하는 자세로 임해야 한다는 논문을 실어 화제가 된 적이 있다. 웨스턴 온타리오대학의 힐럴 파인스톤 박사와 데이비드 콘터 박사는 논문에서 이렇게 주장했다.

> "만일 의사가 환자의 감정적 요구를 평가해 그 요구에 명쾌하고 효과적으로 부응하는 기술을 갖고 있지 않다면 제대로 일하기 어렵다. 따라서 우리는 그런 감정적 요구에 유효적절히 대응하는 법을 전수하는 데 초점을 맞춘 연기과목을 의대수업에 포함시켜야 한다고 생각한다."

변호사 |

이 사회는 법이라는 시스템 하에서 움직이고 있지만 일반인들은 법에 대한 지식이 없을 뿐만 아니라 무턱대고 법에 접근하는 것도 시스템적으로 금지되어 있다. 이 법률 시스템에 대한 접속권을 가지고 있으면서 일반인에게 그

서비스를 제공하는 대리인이 바로 변호사다. 당연히 법 앞에 약자이자 문외한인 일반인들은 변호사의 철저한 계약적 지배의 대상이다. 변호사들 사정도 의사와 마찬가지로 예전 같지 않다. 예전에는 사무장들이 영업해온 사안을 변론 처리하면서 비교적 쉽게 소득을 올렸으나 최근에는 배출되는 변호사 수가 많아져 경쟁이 무척 치열해졌다. 사무실 운영이 원활치 않아 월급쟁이 변호사도 많이 늘어나는 추세다. 예전에는 거들떠 보지도 않던 대기업이나 공공기관으로 취직하는 사례도 급증하고 있는데 이젠 그것도 쉽지 않다고 한다.

그러나 사람들이 사회생활을 하는 한, 법률의 틀속에서 살게 마련이므로 변호사 역시 계약적 지배의 수, 강도, 지속성 면에서 월등한 직업이라 할 수 있다. 다만 상황이 어려워진 만큼 변호사도 의사와 마찬가지로 세일즈맨 정신을 갖춘 비즈니스맨이 되어야만 이 사회의 상위 13% 안에 들 수 있을 것이다.

창작 | 앞으로의 디플레이션 사회에서 물적재산의 가치는 점점 소멸하는 반면, 지적재산의 가치는 계속 오를 것이다. 헐리우드 명작 한 편이 우리나라의 몇 년치 자동차 수출액과 맞먹는 수익을 올렸다는 이야기는 모두 들어봤을 것이

다. 이처럼 폭발적인 수익성 즉, 무제한적인 계약적 지배관계의 수에 더불어 창작의 유리한 점은 정답이 존재하지 않는다는 점이다. 사람들의 보편적 감수성에 호소할 수만 있다면 다소 물리적으로는 말이 안 되고 황당무계해도 수익을 올릴 수 있다. 그러나 창작은 재능 있는 소수만이 성공할 수 있는 매우 냉엄한 분야이다. 인정받는 사람에게는 엄청난 부와 명예가 따르지만 그렇지 못한 사람에게는 국물도 없다. 일반인이 쉽게 접근할 분야는 절대 아니다.

영업 | 계약적 지배관계를 직접 찾아나서는 직업이다. 고객을 직접 찾아나서는 만큼 육체적으로 힘들고 변덕스런 고객 기분에 맞춰야 하므로 심리적으로도 힘든 직업이지만 고객 수에 제한이 없고 실적에 따라 보상받으므로 자본주의 원칙에 가장 충실한 직업이라 할 수 있다.

영업을 통해 모든 사람이 다 성공할 수는 없다. 3%는 큰 리더로 성장하고 10%는 돈 걱정 없이 살고 60%는 겨우겨우 먹고 사는 정도의 실적을 올릴 것이다. 27%는 먹고 살지 못해 스스로 영업세계를 떠나거나 해고당하는 운명일 것이다. 하지만 영업에서 살아남은 자는 어디서 무슨 상품을 팔든 고객을 확보할 능력이 있기 때문에 가장 강력한 생존무기를 획득한 것과 다름없다.

네트워크마케팅 ｜ 이처럼 경쟁이 치열해지고 비교우위를 찾기 힘든 상황에서 의사도, 변호사도 아니고 창작력도 없는 평범한 우리가 무한한 고객을 확보할 수 있는 길이 있다. 바로 네트워크마케팅이다. 작금의 사회는 전통적인 소유 개념이 사라지면서 인터넷을 통한 유통업이 새로운 기회로 각광받고 있다. 이런 변화의 흐름 속에서 가게나 창고 또는 대규모 투자가 필요없는 네트워크마케팅이야말로 앞으로 성공 가능성이 높은 미개척 분야이면서 누구나 참여할 수 있다는 점에서 매력적인 사업이라 할 수 있다. 하지만 많은 사람이 네트워크마케팅에 대해 색안경을 쓰고 바라본다. 그 이유는 불법 피라미드라는 인식과 성공에 대한 환상, 세일즈에 대한 거부감, 일부 회사의 경영진과 사업자의 불법적인 상행위로 인한 소비자의 피해의식이라 생각한다.

오해 ｜ 네트워크마케팅을 피라미드 방식이라 부르는 것을 한 번쯤 들어봤을 것이다. 그것이 무엇을 뜻하는지 알고 있는가? 이런 질문을 하는 이유는 대부분이 진짜 피라미드 방식을 모르기 때문이다. 사실, 여러층으로 쌓은 피라미드는 자연의 이치에 맞는 구조물이다. 상품과 서비스를 유통시키는 이 세상의 모든 조직은 위에서 아래로 내려갈수록 커지는 피라미드 모양을 하고 있다. 저명한 작가이자 교육자인 칼 딘 블랙(Karl Dean Black) 박사의 설명을 들어보자.

　"모든 집단의 대표는 다층구조의 피라미드를 창조해낸다. 우리 정부가 그런 피라미드 형식으로 되어 있고 학교와 교회도 마찬가지다. 상품과 서비스를 제공해 성공한 기업체도 결국 다층구조의 피라미드 구조이다. 이런 피라미드 구조물에 있어 그 힘은 밑바닥에서 생기기 마련이다.

　정부의 서비스는 피라미드처럼 위에서 아래로 내려가지만 정부의 힘은 밑바닥을 구성하는 국민의 투표에서 생긴다.

　유통회사는 제품을 피라미드 조직을 통해 아래로 분배하지만 그 회사에 힘을 주는 것은 돈을 지불해 물품을 사는 우리 소비자들이다.

　피라미드는 처음에는 아래로 다음에는 위로 흐르도록 양방향 구조로 되어 있다. 가치는 피라미드 아래로 흐르고 그 반작용으로 힘은 위로 흐른다. 만약 가치가 아래로 흐르지 않고 힘이 위로 흐르지 않는다면 그 조직은 붕괴해버릴 것이다."

　네트워크마케팅 업체들이 처음 설립된 배경은 상품이 유통되면서 생기는 유통비와 광고비를 절감해 소비자에게 이익을 돌려주겠다는 의도였다. 누군가를 데려오기만 하면 돈을 벌 수 있다는 불법적인 방식과는 거리가 멀다. 다시 한 번 그 취지를 음미해보라. 도매상과 소매상, 물류업자와 광고업자들에게 돌아가던 몫을 마케팅 활동에 참가한 소비자들에게

돌려준다. 너무나도 합리적이지 않은가? 실제로 이런 취지에
맞게 성실하고 합리적으로 사업을 펼치는 업체들이 많이 있
다. 하지만 사람들에게 터무니없이 비싼 가입비를 받거나 불
필요한 상품에 엄청난 바가지를 씌워 상도덕을 어기는 몇몇
불법 네트워크마케팅 업체와 시장점유율을 빼앗긴 대기업들
의 흑색선전으로 네트워크마케팅에 대한 사회적 인식이 나빠
진 것뿐이다.

앞에서 살펴본 비행기 게임이나 폰지 게임을 살펴보라. 그
처럼 힘은 위로 흐르는데 가치는 아래로 내려오지 않는 경우
가 사기 피라미드다. 여러분이 철석같이 믿고 있는 주식시장
이나 국민연금이 바로 사기 피라미드의 전형적인 예이지 적
정한 이윤을 붙여 상품을 제공하고 거기서 발생하는 이익을
마케팅에 참여한 소비자들에게 나눠주는 방식은 합법적인 사
업인 것이다. 2장에서 계약적 지배는 쌍방 이익을 얻는다고
했다. 힘(돈)은 위로 흐르고 가치(상품)는 아래로 흐르는 합법
적인 네트워크마케팅은 합리적인 계약적 지배의 한 형태일
뿐이다.

많은 사람이 느끼는 거부감 중 하나는 네트워크마케팅을
하다가 실패한 사람들을 보면서 네트워크마케팅 업체가 약속
을 지키지 않는 것처럼 느낀다는 점이다. 네트워크마케팅에

는 누구나 성공할 가능성이 열려 있다. 하지만 가능성이 있다고 모두 성공할 수 있는 것은 아니다. 두 다리를 가진 건강한 사람도 모두가 42.195㎞의 마라톤 풀코스를 완주할 수 없는 것과 마찬가지다.

네트워크마케팅은 누구나 참여할 수 있는 열린 사업기회다. 구성원이 다양한 만큼 성공과 실패의 모습도 각양각색이다. 네트워크마케팅에 참여한 사업자 중 3%이상은 큰 리더로 성장하고 10%이상은 돈 걱정 없는 중산층이 된다. 13% 이상 성공하는 구조이고 파트너를 돕고 투자금이 거의 없는 일인데 유독 네트워크마케팅에 대해서만 사람들이 선입관을 갖는데는 언론의 편파적인 보도가 주 원인이다.

네트워크마케팅에서의 성공비결을 살짝 알아보자. '매력적인 인간'을 저술한 오리즌 스웨트 마든은 독자들에게 개인적 '매력'을 발산하는 비결을 배우라고 촉구했다. 마든은 "남들이 우리를 어떻게 생각하는가에 따라 성공과 실패는 갈린다."라고 강조했다. 즉, 예의범절, 경우에 맞는 옷차림, 원만한 화술, 활력, 절도 있는 생활, 바른 몸가짐만 익히면 이 세상 누구도 자기편으로 만들 수 있다는 것이다. 바로 이 점이 네트워크마케팅 뿐만 아니라 모든 '관계'에서 성공하는 비결이다.

세일즈에 거부감을 느끼는 사람은 이 시대를 헤쳐나갈 마음자세가 안된 사람이다. 다시 말하지만 우리 모두는 뭔가를 팔고 있는 세일즈맨들이다. 지금까지는 좋은 대학을 나오면 서로 모셔가려 난리였지만 지금은 좋은 대학 나온 박사도 발에 차이는 세상이다. 간판과는 별개로 독자적인 경쟁력과 매력을 높여 자신을 세일즈하는 데 성공한 사람만이 앞으로 신분제 사회에서 한 줄기 희망이라도 가질 수 있다.

참모습 | 이젠 '계약적 지배' 개념에 어느 정도 익숙해졌으리라 믿는다. 여러분이 살아남기 위해서는 고객이 있어야 한다. 가만히 앉아서 편안히 월급만 받겠다는 생각에서 부디 깨어나기 바란다. 살아남기 위해서는 계약적 지배 대상인 고객을 적극 확보하고 모두가 세일즈맨이 되어야 한다.

네트워크마케팅 사업방식을 살펴보면, 모든 것은 회사가 알아서 한다. 네트워크마케팅 사업자는 고객을 찾아 물건을 쓰도록 정보를 주고 다른 사업자를 찾아 사업경험과 노하우를 전수하기만 하면 된다. 가게도, 재고도, 창고도 필요없다. 매월 지불할 고정비도 없다. 필요한 것은 오직 고객뿐이다. 인터넷의 장점을 최대한 살려 온라인으로 사업을 전개할 수 있으면서 현대 자본주의의 핵심인 '계약적 지배관계'의 뼈대만 추린 사업이 바로 네트워크마케팅인 것이다.

네트워크마케팅의 혜택으로는 '인세' 수입이 있다. 네트워크마케팅에서 취급하는 제품들은 거의 생필품이다. 샴푸, 비누, 세제, 화장품, 건강 보조식품 등의 특징은 소비가 계속 일어나고 포장재 외의 쓰레기가 발생하지 않는다는 점이다. 여러분이 매우 조심스럽게 공들인 관계가 있다고 하자. 그리고 그 상대에게 백과사전 한 질을 팔았다고 하자. 아무리 공을 들이고 노력을 했더라도 백과사전은 한 번 팔면 그걸로 끝이다. TV? 1천만 원짜리 TV를 팔고 3백만 원 이익을 남겼다고 하자. 큰 돈이긴 하지만 TV도 한 번 팔면 그걸로 끝이다.

하지만 생필품은 그렇지 않다. 단가는 낮아도 계속 소비되기 때문에 반복구매가 일어난다. 품질에 만족하는 경우, 평생 당신에게서 물건을 살 수도 있다. 소중히 다진 관계를 기초로 평생고객을 만드는 것이다. 누군가 평생 당신에게서 물건을 산다고 생각해보라. 말 그대로 '인세수입'인 것이다. 그 평생가치(Lifetime Value)는 과연 얼마나 될까? 특별한 창의력 없이도 회사에서 제공하는 교육을 받고 끊임없이 자신을 연마해 누구나 인세수입을 올리고 노동에서 해방되는 기회가 바로 네트워크마케팅이다.

네트워크마케팅을 통해 얻을 수 있는 또 하나의 혜택으로 교육이 있다. 학교에서 가르치는 아카데믹한 교육이 아니다. 분업화된 사회에서 살아가기 위해 필수적인 대인관계를 다듬는 기술 교육이다. 대한민국 사람들처럼 연공서열에 집착하는 국민들에게는 좀 낯선 교육이다. 대한민국처럼 학력 차별이 심한 나라에서는 거부감을 느낄 수도 있는 교육이다.

항상 겸손한 자세를 유지하며 전문지식이 뒷받침하는 친절한 설명으로 평생관계를 다듬어가는 것이 네트워크마케팅의 본질이다. 이런 인간관계 기술의 중요성에 대해 아는 사람은 별로 없다. 설사 그 중요성을 느끼고 배우고자 해도 실제로 그런 경험과 기술을 갖춘 사람을 찾기란 쉽지 않다. 하지만 네트워크마케팅에서는 그런 리더를 찾을 수 있고 그 리더도 당신에게 자신의 경험과 노하우를 전수해 주려고 노력한다. 네트워크마케팅은 다른 사람이 성공하도록 도와줘야만 자신도 성공할 수 있는 시스템이기 때문이다.

산업혁명이 종말을 고하는 상황에서 앞으로는 신분제 사회가 될 가능성이 높다. 지금까지는 조금만 부지런하면 누구나 부를 쌓을 수 있었지만 여러분의 자식들은 아무리 노력해도 경제적 지위가 향상되지 않는 사회에서 살게 될 것이다. 지금이 바로 경제적 지위를 향상시킬 수 있는 마지막 기회다. 대다수 기회는 이미 사라졌다. 마지막 남은 대안은 네트워크마케팅 뿐이다. 지금 네트워크마케팅이라는 막차를 타지 못한다면, 그 기회는 영영 없을지도 모른다.

마이크로 소프트 빌게이츠는 내가 만약 소프트웨어 사업
을 하지 않았더라면 네트워크마케팅 사업을 했을 것이다.”
“네트워크 마케팅은 21세기 가장 강력한 변화의 물결로서 유
통 산업을 이끌어 갈 것이며 개인이 성공할 수 있는 최고의
기회다” 라고 말했다.

맺음말

앞으로는 신분제 사회가 될 것이다. 평균수명의 연장이 부
자에게는 행복이지만 가난한 자에게는 저주가 될 것이다. 재
산의 유무에 따라 시작된 신분제 사회가 유전공학의 발달로
부유한 종(種)과 가난한 종(種)으로 분리되는 사회로 발전할
가능성이 높다. 디플레이션으로 대부분의 자산가치가 떨어지
면서 앞으로의 수익모델은 각종 인프라를 갖춰야 하는 비대
한 형태에서 인터넷을 이용해 인간관계를 관리하는 슬림
(slim)한 구조로 바뀔 것이다.

이런 시대흐름 속에서 마지막 남은 기회이자 발전 가능성
이 높은 것이 바로 네트워크마케팅이다. 이 책은 네트워크마
케팅을 자세히 소개하는 책은 아니므로 네트워크마케팅의 모
든 면을 전달하는 데는 부족하지만 어느날 네트워크마케팅이
여러분 곁에 찾아온다면 선입관에만 의존해 판단하기보다는
적극적으로 알아보고 반드시 마지막 기회를 잡아 성공을 누
리길 바란다.

네트워크마케팅 사업의 장점

첫째: 일반적인 의미의 사업 자금이 필요하지 않다.
이 사업은 무점포 사업으로 초기 사업비용인 보증금, 인테리어, 시설물, 집기 등의 비용이 들지 않는다. 또한 월 임대료, 재료비, 인건비 등 유지비용이 들지 않는다.

둘째: 학벌이나 경력, 경험이 없어도 누구나 할 수 있다는 장점이 있다.
우리 사회에서 움직이고 있는 대부분의 사업은 학벌이나 경력, 경험 등이 많은 비중을 차지하고 있는 반면 이 사업은 본인이 하고자 하는 열정과 노력만으로 얼마든지 성공할 수 있는 사업이다.

셋째: 평생직업이 될 수 있는 사업이다.
언제 어떻게 될지 모르는 직장 생활의 공포에서 벗어나 노후에도 아무걱정없이 사업을 할수 있는 길이 있다는 것은 행복한 인생의 디딤돌인 것이다.

넷째 : 원래의 직업을 가지고 사이드 잡으로 할 수 있는 사업이다.
근무 시간이 자유로우며 사업자 본인이 일할 수있는 시간과 스케줄에 맞춰 출근 퇴근을 결정할 수 있다.

다섯째 : 모든 업무를 회사에서 처리해준다.
업무처리에 신경쓰지 않고 사업에 전념할 수 있다.

여섯째: 사업 활동이 용이하도록 회사에서 교육 및 후원 시스템을 제공해준다.

합법적인 회사의 특징

방문판매 등에 관한 법률(방판법)에 따라 공정거래
위원회, 지방자치단체(시,도)에 다단계 판매업으로
등록하고 영업활동을 한다.

가입비용이 없거나 1만원 미만이다.
우수한 품질의 중저가 소비재를 주로 판매한다.

초기 사업 시작시 부업출발을 권장한다.
물건을 대부분 택배시스템을 이용하여 원하는 장소
로 배달한다.

장기적인 안목에서 사업을 한다.
사업 설명을 개방적이고 자유스런 분위기의 공개된
장소에서 한다.

후원수당은 정기적 성과급으로 준다.
본인의 구매실적과 판매실적, 교육수당 등 다양한
수당을 지급한다.

상품구매는 자유의사에 따른다.
수익 발생은 제품판매에서 발생한다.

재고 부담이 없다. (윤리규정에 따라 판매원이 재고
를 쌓아두지 못하도록 규정하고 있다.)
하위 판매원을 확보할 의무가 없다.

환불 및 반품 규정이 있으며 규정을 명시한다.
자유스럽게 가입 및 탈퇴를 할 수 있다.
소비자 피해 보험에 가입되어(공제조합) 소비자 피
해 발생시 보상이 가능하다.

불법적인 회사 특징

다른 업태로 영업신고를 하거나 미등록 상태에서 다단계판매 형식으로 영업을 한다.
판매원 가입을 위해 상품을 강매하거나 가입비, 교육비 등, 각종 명목으로 과도한 비용을 요구한다.
상품 가치가 없거나 일반적인 제품을 고가로 판매한다.
초기 시작부터 전업을 강요한다.
판매원이 판매 및 전달 과정에서 직접 물건을 개봉하거나 훼손하여 반품 및 환불을 못하게 한다.

단기간에 높은 수익을 노리는 투기적 성격을 띤다.
배타, 폐쇄, 인위적 구조로 강압식 방법을 취한다.
단기간에 쉽게 돈을 버는 방식으로 고가의 제품 판매나 새로운 회원 모집을 통해 수당을 지급한다.
월별 목표 및 승급을 미끼로 강제구매를 유도한다.
하위 판매원 모집과 투자에 비례하여 수익이 발생한다.
강매나 사재기 등으로 재고 부담이 크다.
하위 판매원 확보를 강재로 부과 한다.
환불 및 반품 규정이 없거나 있어도 회피하거나 거부 하여 피해 보상이 불가능 하다.

단체 합숙과 교육을 강요며 감시를 한다.
탈퇴가 자유롭지 못하다.
상품 구매를 위해 은행권 또는 대부업체로 부터 고금리 대출을 알선하기도 한다.
원금 손실이 없고 고수익을 보장한다며 투자를 유도 한다.
상품 거래의 실체가 없고 상품권이나 회원권 등을 이용하기도 한다.

참고문헌

1. 〈부자 아빠, 가난한 아빠〉, 로버트 기요사키, Tech Press, 1997

2. 〈제로시대〉, 유경찬, 씨앗을 뿌리는 사람, 2003

3. 〈소유의 종말〉, 제러미 리프킨, 이희재 옮김, 민음사, 2001

4. 〈뉴 밀레니엄 시대 최고의 비즈니스〉, 장영, 미디어 K, 2002

5. 〈Remaking Eden〉, 리 M. 실버, 아본 출판사, 1998

6. 〈역병 시대〉, 폴 W. 이발트, 자유언론사, 2000

7. 〈미국 문화의 몰락〉, 모리스 버만, 심현식 옮김, 황금가지, 2002

8. 〈누가 아메리칸 드림을 훔쳤는가〉, 버크 헤지스, 김일두 옮김, KMT, 2002

9. 〈브리태니커 2000 멀티미디어 판〉, 한국 브리태니커사, 2000